JN016041

キャビンアテンダント

グランドスタッフ

CA GS
エアライン
受験対策
書き込み式テキスト

2024年
就職版

木野本美千代・日比ひろみ 著

PENCO

●表記につきまして

本書では、客室乗務員をＣＡ、グランドスタッフをＧＳと表記しています。

2

宣 言 書

私、＿＿＿＿＿＿＿＿＿＿＿＿は

１年後

客室乗務員、

グランドスタッフとして

働いていると

ここに宣言します

年　　　月　　　日

はじめに

コロナ禍を経て大きく変化したエアライン就活

　ＷＨＯ（世界保健機関）が 2020 年 1 月末、新型コロナウイルス感染症の緊急事態宣言を発表しました。

　日本にもその波は押し寄せ始めていましたが、学生と共にエアライン採用は実施されると信じ受験対策をしていました。

　ところが、その年の 5 月末、ＡＮＡもＪＡＬも、そしてすべてのエアラインが採用の中止を発表。採用があることを信じ、夢の実現に向けてそれまで懸命に受験勉強を続けていた学生たちは、6 月になって急きょ、異なる業界への就職を模索し始めなければならなくなりました。

　いったい自分は何がしたいのか、何ができるのかを、一から考えなくてはならない白紙からの再出発でした。

　採用中止という現実を突きつけられ、茫然とする学生たち。今までＣＡやＧＳ職に就くために必死で勉強してきたのに……

　しかし、学生たちは実にたくましく立ち上がりました。

　7 月には他企業への就職活動を開始し、自分が納得するまで探し求め、翌年の 2 月ごろまで粘り強くがんばり続けたのです。学生たちの行動力、自分の可能性を追求していく姿勢に感動すら覚えました。「本書での学びが一般企業にも大いに役立った」と語ってくれた学生もいました。

　改めて、世の中には「絶対というものはない」という当たり前のことを知らされた今回の世界情勢でした。

　そんな中、2022 年、幸いなことに大手ではＪＡＬがＣＡ採用に踏み切り、ＪＡＬ系もＡＮＡ系もＧＳ採用を行いました。この採用が発表された時は、ＣＡ・ＧＳを目指す皆さんの心をどれほど明るくしたことでしょう。

　しかし、コロナ禍を経た就活は激変していました。

　本書では、大きく変化したエアライン採用の情報とその対策、2022 年のＥＳや面接の質問内容を多数掲載し、ポイントを解説しました。

　本書を通じ、皆さんのチャレンジを全力で応援していきます。

　ぜひ、合格を手にしてください。

❶ オンライン&対面併用のハイブリッド選考が加速

　コロナ禍を経て、採用の選考過程で対面とオンラインの併用が一気に加速しました。

　異種のものの組み合わせという意味でハイブリッドという言葉が使われますが、まさに就活も対面とオンラインの併用が進んだことで、ハイブリッド就活やハイブリッド面接と言われるようになりました。

　特に、2022年の新卒採用では会社説明会と1次面接でオンライン活用が顕著になり、選考が進むにつれてオンラインからオフライン（対面）になるという流れが見て取れます。

　受験者にとってはオンラインでの面接は交通費がかからないことや、遠方からも参加でき、企業側も優秀な人材を幅広く集められる・経費を抑えることができるなどのメリットがあります。

　エアライン業界の就活では、2022年のJALでは、説明会はオンライン、2次から4次までの3回の面接はすべて対面で行われました。一方でJALスカイ大阪のように、2回ある面接がすべてオンラインで行われた企業もあります。それぞれの企業がさまざまな工夫をしながら、採用活動を行っていると言えます。お客様と直接関わる職種であるCAやGSの採用でも、今後もハイブリッド形式で選考が行われることでしょう。

❷ 面接の質問に新たな傾向

　まさにこの状況下だからこそ聞かれていた質問には特徴があります。
① コロナ禍においてのあなたの行動
② 他企業、他部署への配置転換や転籍など
③ チームワーク

　これらの質問では、
① ……このような状況においても前向きに物事に取り組んでいたのか
② ……CAやGSの仕事とは違う業務を依頼されても、ポジティブに捉えてやっていけるか
③ ……このような苦難の時だからこそ、社員一丸となって乗り越えようとする資質があるか
　といった点が問われていたと考えられます。

③ 狭き門だからこそ問われる本気

　2019年実施のＣＡ採用は、ＡＮＡとＪＡＬ合わせて1,000名ほどの規模でしたが、2022年実施採用ではＪＡＬで100名にとどまりました。この年、ＪＡＬのＣＡ採用試験の特徴は、3年分の受験者（既卒者も新卒者として受験可能）がいたことです。

　採用中止を経験しながらも、ＣＡへと果敢にチャレンジした既卒組受験者は、どのようにして試験期間を過ごしてきたのでしょうか。

　2023年の就活においても採用数が急激に増えることは予想されにくい中、先輩たちの活動は皆さんにとっても大いに役立つと思います。いくつかの例を紹介します。

● 他企業に入社しても、将来のＣＡ・ＧＳとしての仕事に必ずつながっていくと信じて、日々、現在の仕事に誠実に取り組み、最善を尽くしていた。
● 合間を見てエアライン関連情報にアンテナを立て、自己分析や企業研究について、再度、計画を立てて行った。
● 採用試験が行われることが発表されてからは、受験生どうしで、オンラインで早めに面接の質疑応答練習をしていた。

　いかがでしょうか。先輩たちが行ったことは、目先の受験対策に振り回されることなく、日々の仕事や暮らしに誠実に取り組み、最善を尽くすことでした。本気で取り組めば、今ある自分のすべて一つ一つに魂が宿ります。

　今日からは、1年後にＣＡ・ＧＳとして働いている自分の姿を想像して、そのために、小さなことから意識して取り組んでいきましょう。

ココが POINT

本書では、コロナ禍を経て大きく変化したエアライン就活に対応した内容となっています。実際に出た最新のＥＳ、面接試験の内容と対策や、オンライン面接のコツも解説しています。

この本の特長と学習方法

ワーク形式で「自ら考える力」が身に付く

３つのステップで確実に実力が付く

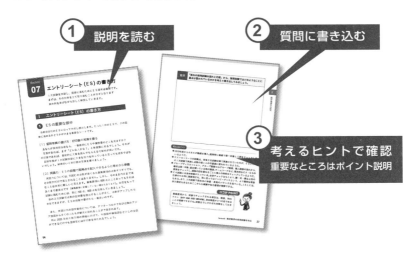

本書の目的は、あなたがＣＡ・ＧＳになること、そして充実した人生を送って
もらうことにあります。そのため本書は下記の構成になっています。

① 「説明」を読む
② 「質問」に自分で考えて書き込んでいく
③ 「考えるヒント」を読んで、「質問」に書き込んだ内容を確認していく

本書に沿って学習していけば、エアライン業界の人材として最も重要な
「自ら考える力」が確実に身に付いていきます。

まとめ

必ず「自ら考えるクセ」を身に付けよう

まず自分で考えて書いてみる、分からなければ「説明」や「考えるヒント」「ココが
POINT」を読む。読むだけでなく、自分はそれをどう思うのかを考えて書いてみる。
このようにして、必ず「自ら考えるクセ」を付けていきましょう。

```
┌─────────── ＣＡ・ＧＳになるための重要ポイントを厳選 ───────────┐
```

このテキストは、ＣＡ・ＧＳになるための重要ポイントを厳選していますので、毎日
少しずつでも学んでいけば、２カ月で十分に学び終えることができます。

大きな課題（航空業界研究）から徐々に具体的な課題（ＥＳ、面接準備、面接、グループ
ディスカッション、面接質問集）へとつながっているので、エアライン試験に必要なこと
が分かりやすく身に付き、安心して試験に臨めます。スケジュールを立て、学習した
ページについては、目次の各項目にある（　　　）に学習日を記入していきましょう。
そうすると自分の進度がつかめ、計画的に学習できます。

一度書き込んだ内容を何度も何度も見直して、書き直すことで、自分の力として
いきましょう。

第5章　企業研究

第6章　1次試験突破のカギ

第9章　グループディスカッション

第10章　面接質問集

ココが POINT

「1人でがんばっていたら、自分の成長ぶりが分からない！」と不安な人には、著者によるオンラインの個別対策もあります。（カバー折り返し参照）

第1章
内定への道

採用試験突破のカギは？

Section 01 採用試験突破のカギは?

採用試験はどのように考えて、具体的に取り組んでいったらいい のでしょうか。今すぐにできることから解説していきます。

❶ 仕事を通してどのような人生を歩みたいかを考える

　航空会社を自分の仕事場に選びたい! あなたの可能性はどこまでも 広がっています。

　ところが、いざエアライン就活に取り組み始めると、英語勉強の継続、職種 研究、航空業界から企業研究、そしてＥＳ作成から面接に至るまで、目の前 に課題がありすぎて、なかなか将来のことまで考えられないというのが現実 でしょう。一つ一つ地道に努力して勉強していくことが最も大切であること は言うまでもありませんが、試験ばかりに集中すると大切なことが見えなく なります。

　今、あなたにとって一番大切なことは、「この仕事を通してどのような人生 を歩みたいか」ということを考えることです。

　横書きで一本線を書いてみてください。左端が０歳。右端があなたが生きる であろう年齢、90歳でも100歳でも構いません。線上で今の年齢のところ に○をつけてみてください。試験は人生のほんの一通過点、そこからの人生 の方がずっと長いことが分かります。

　「この仕事を通してどのような人生を歩みたいか」ということがあなたの テーマ。試験はそのための手段です。

　本書は、「自分はＣＡ・ＧＳになってこんなサービスをしてみたい」「５年後 どうなっていたい?」「10年後は?」など、もっと先の自分の姿を思い描く ことができるようになっています。

　そうすれば、試験が間近に迫ってきて不安でいっぱいの時でも大丈夫。

　「ここでじたばたしていられない。自分は、なった後こんな風にサービスを していきたい。先にはこんな風になっていたいのだ」と、冷静になって考える ことができるようになります。

　まずは、「この仕事を通してどのような人生を歩みたいか」、この考え方を 身に付けることが、採用試験突破のカギ、内定への道です。

② 考え方・視野を広める

　本書をしっかりこなしながら進み、考え方や視野を広め、あなたの知識の引き出しを増やしましょう。また、できるだけ「本」にであってください。ＡＮＡやＪＡＬ関連の書籍も数多く出版されています。そうすれば、試験の際に文章や会話の表現力が豊かになります。

③ 自分ならできる！のポジティブ思考で

　根拠のない自信でＯＫ！「やればできる」というポジティブ思考が大事です。ただし、気持ちだけで、実行しないのはＮＧ。
　「なれなかったらどうしよう」の発想はやめましょう。それよりも、「どんな人に会えるだろう、どんなところに行けるだろう、どんなふうに過ごそう」と、なった後の自分を想像しましょう。

④ 人は人、私は私

　あなたは唯一無二の人。生まれた場所も環境も、性格や能力もみんな違います。それを比べるなんてできません。
　そう、自分を認めてあげる、自分を好きになりましょう。

⑤ 当たり前のことをきちんと行う

　「おはようございます」「こんにちは」「お疲れ様です」「大丈夫ですか」
　あなたは、誰にでも自分から声をかけることができますか？
　恥ずかしくて……と今まで行動をためらっていた人は、「自ら一言」行動を始めましょう。これを続けていると、自分から声をかけ、笑顔も増えていくことを実感できます。

　ほかにも、玄関での靴の脱ぎ方、お手洗いの使い方なども意識しましょう。
　人としてきちんとしていることは、全ての行動の基本であり、あなたの人柄そのものとしてみられます。日頃から、当たり前のことが当たり前にできるように行動しましょう。

6 あらゆるものに"アンテナ"を張る

　同じエアラインを目指す友人をできるだけ多く作ったり、インターネットを利用したりして、多くの情報を得るようにしましょう。

　また、この仕事には、ホスピタリティが不可欠です。街を歩いていても、道に迷っている人や、手助けを求めている人などがたくさんいます。そういう人たちに気づき、自ら近づいてヘルプする行動を身に付けていきましょう。

7 考える力を養う

　これは一朝一夕にしてできるものではありませんが、最近の面接試験では、「なぜあなたはそうしたのか？」と問われることが大半です。

　「考える力を養う」と聞くと難しく感じるかもしれませんが、これを身に付けていくためには、
① 物事を当たり前に見ないこと
② 一つの事柄からその背後に想像を広げていくこと
　です。

　そうするためにはまず知識と情報を増やします。新聞を読み、ニュースを毎日チェックする習慣をつけると少しずつ力がついていきます。

　例えば、「ある日テレビで難民のことを取り上げていて、彼らには住む家もないと知ったとき、毎日家族で普通に食事をすることがどんなに素晴らしいことで恵まれていることかと思った」など、自分の気持ちや考えを意識し、文字化する習慣をつけると考える力のもとになっていきます。

　身近なことから意識し始めましょう。

まとめ

本書で学べば「自ら考える力」が身に付く

　① 「説明」を読む。
　② 「質問」に自分で考えて書き込んでいく。
　③ 「考えるヒント」を読んで、「質問」に書き込んだ内容を確認していく。
　本書に沿って学習していけば、エアライン業界の人材として最も重要な「自ら考える力」が確実に身に付く内容になっています。

⑧ 空港に出向く・飛行機に乗る

　エアライン業界を目指したら、幾度となく空港に通いましょう。ＧＳ職を目指す人は空港で働く人たちの仕事をじっくり見ることで、お客様への接し方や表情からさまざまなことを発見できます。

　またＣＡ職を目指す人は、面接で「その会社に入りたい、機内でこんな仕事をしたい」と言っても、将来の職場を見たこともないのであれば、あなたの話には真実味が伴いません。受ける航空会社を一度は利用しておきましょう。面接ではほとんどの航空会社で「なぜ、当社を受けたのか」という質問があります。各社の違いは、実際に体験してみると手に取るように分かります。

⑨ 心身共に健康に保つ

　ＣＡ・ＧＳは早朝便や深夜便を担当します。特にＣＡは国際線での時差もあります。今日はシンガポールにフライト、数日後には冬のニューヨークへということもあるため、気温差になれるのも仕事の一つです。そこから体調管理やストレス管理が必要となります。日頃から、継続的に適度な運動やバランスの取れた食事など、健康的な生活を送ることを心掛けましょう。また時間管理も心掛け、規則的な生活を送ることも大切です。

　その意識と行動が、前向きで意欲的な人としての印象を与えます。

⑩ インターンシップに参加する

　2022 年、ＧＳはインターンシップを実施しているところが多くなっています。ＣＡのインターンシップは、ＪＡＬが 2022 年 11 月 14 日 、3 年ぶりの開催を発表しました。

　各社の採用ホームページから情報を得て、積極的に参加しましょう。

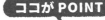

ココが POINT

　ＥＳでは、インターンシップへの参加希望理由なども聞かれます。しっかりと理由が書けてインターンシップを実りあるものとするためにも、少なくとも 1 回は本書を一通り最後まで学習しておきましょう。

「何とかなる」ではなくて、「何とかする」

　これまで約30年間、筆者はエアラインスクールで、その後キャリアカウンセラーとして、航空会社への就職を目指す社会人や多くの学生と接してきました。

　生徒たちは、面接試験が近づくにつれ、着実にやるべきことを進めてきていても、緊張感が高まってきます。周りの同じ志を持った友達を見ると、自分よりもっとがんばっているように感じたり、「この人なら受かる」と相手のことが良く見えて、余計に不安が募ってきたりします。そのプレッシャーに押しつぶされそうになりながら、今一度客観的に自分の歩んできた道を振り返り、「ここで自分に負けるわけにはいかない。何とかやり通す」と言い聞かせながら、また前を向く自分を取り戻し、「何とかする！」とがんばり出します。

　そして、試験の1週間ぐらい前になってきたら、そこで初めて「何とかなる」という気持ちに変わっていきます。
　やるだけやったら、その境地になれるということですね。

　最初から「何とかなる」と思っていては何とかならず、「何とかする」という強い気持ちで行動することです。
　そして、やれるだけのことをやり切って、受ける前には「何とかなる」というリラックスした気持ちで試験に臨みましょう。

　あなたもぜひこの気持ちを意識してやってみてください！

第2章
航空業界の研究

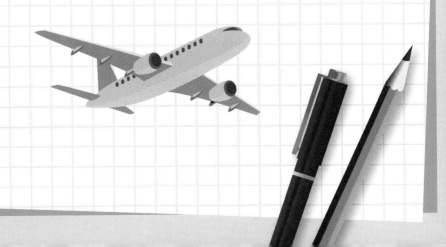

航空業界の採用試験を知る

航空業界の採用試験の流れについて見ていきます。

I 採用試験 内定へのスケジュール

　航空業界では、どのような採用試験が行われるのでしょうか。相手（企業は何を知りたいか）を知り、合格の戦略を立てる必要があります。

　なお、下記のスケジュールは2022年度をもとに作成しています。今後、採用試験期間が変更になる可能性がありますので、最新の採用試験情報を確認してください。

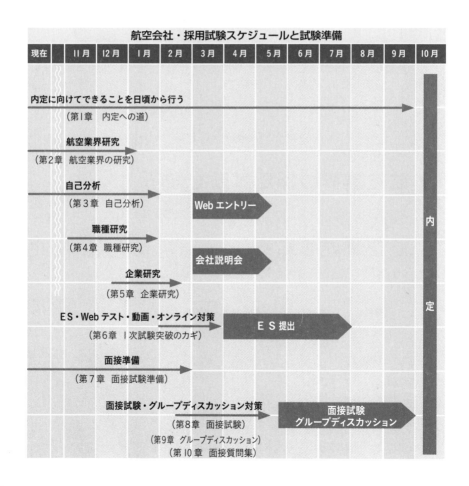

2 航空会社と募集要項

　本内容は各社発表に基づきまとめたものです（2022.11現在）。募集要項等は変更されることがあります。一つの航空会社に限らず国内外含めてさまざまな航空会社を受験することをお勧めします。（掲載順：ＡＮＡ系→ＪＡＬ系→両系列以外は採用数の多い順。　T=TOEIC、G=GTEC、英＝英検、↑＝以上、空欄部分は記載なし）

主な航空会社の募集状況（2019～22年情報）

国内航空会社　ＣＡ

航空会社	英語力	勤務地	採用予定数・勤務形態・その他		
ＡＮＡ（全日本空輸）		※ＡＮＡグループは見合わせていたＣＡの新卒・既卒採用を再開すると発表（2022.12.7）			
ＡＮＡ（全日本空輸）	T600/G260↑	羽田	新 卒500名・既卒70名程度	正社員：新卒既卒・専卒↑（'19）	
ＡＮＡウイングス	T600/G260↑	福岡・伊丹・中部	新卒100名	正社員：新卒既卒・専卒↑（'19）	
エアージャパン	T600↑	羽田・成田	72名	ＣＡ経験者（'19）	
ＪＡＬ（日本航空）	T600↑	成田・羽田	新卒100名 既卒250名	正社員：'21～'23卒者・専卒↑ 正社員：'22年10月時点卒業・専卒↑	
ジェイエア	T550/英2↑	伊丹	相当数	正社員：新卒（'21～'23卒者）既卒・高卒↑	
日本トランスオーシャン航空	日常会話程度	那覇	若干名	正社員：新卒（'21～'23卒者）既卒・専卒↑	
日本エアコミューター	一定の英語力	鹿児島など	若干名	正社員：新卒・専卒↑	
北海道エアシステム	（記載無し）	丘珠	若干名	正社員：高卒↑	
琉球エアコミューター	（記載無し）	那覇	若干名	専卒↑（'19）	
フジドリームエアラインズ	T550/英2↑	名古屋・富士山静岡	36～40名	正社員：新卒既卒・専卒↑（'22）	
ＡＩＲＤＯ	T550/英2↑	新千歳・羽田	21～25名	正社員：新卒既卒・専卒↑（'22）	
ソラシドエア	T600↑	羽田	16～20名	正社員：社員：新卒既卒・短卒↑（'22）	
スカイマーク	T600/英2↑	羽田	数十名	正社員：既卒・専卒↑（'22）	
アイベックスエアラインズ	T550	仙台	若干名	正社員：新卒既卒・専卒↑（'22）	
スターフライヤー	T600↑	北九州・羽田	20名	正社員：新卒既卒・専卒↑・中韓語尚可（'22）	
オリエンタルエアブリッジ	（記載無し）	長崎・福岡	若干名	契約：普通運転免許・短卒↑（'22）	
天草エアライン	（記載無し）	天草	若干名	契約：普通運転免許・高卒↑	

LCC ＣＡ

航空会社	英語力	勤務地	採用予定数・勤務形態・その他		
Peach Aviation	T600	関西・成田・那覇	70名	（記載無し）	正社員：新卒既卒・専卒↑ 高卒（3年以上就労）
ZIPAIR Tokyo	T600↑	成田	100名・30歳↓	日本語（ビジネスレベル）	正社員：専卒↑
スプリング・ジャパン	日常会話程度	成田	25名	（記載無し）	契約：高卒↑（'19）
ジェットスター・ジャパン	T600	成田	（記載無し）	210cm↑リーチ	契約：日本国籍 専卒↑・1年以上接客
エアアジアX	T650↑	バンコク	（記載無し）	女157cm↑男170cm↑	18才↑大卒又は同等
ジェットスター・アジア	T700↑	シンガポール	18歳↑	158cm↑	契約：日本国籍・短卒↑
スクート	T600↑	シンガポール	18歳↑	女158cm↑男165cm↑	高卒↑
ベトジェットエア	T600↑	ハノイ	30歳↓	女160～175cm 男170～185cm	高卒↑
香港エクスプレス	英語堪能	香港	（記載無し）	158cm↑208cmリーチ	契約：全身写真（'19）

※エアージャパンの新ブランドAirJapanは2023年度下期に就航予定
※スプリング・ジャパンはＪＡＬが2021年子会社化

外資系航空会社　ＣＡ

航空会社	英語力	勤務地	採用予定数・勤務形態・その他		
※シンガポール航空	英語堪能	シンガポール	18歳↑	女158cm↑ 男165cm↑	5年契約+5年OK：新卒既卒・短卒↑ 5 GOEo'Level credit
※スターラックス航空	T600/英2 TOFLE ITP480 iBT64	成田	(記載無し)	210cmリーチ	国内外短卒、大卒/byMEXT
キャセイパシフィック航空	T650	香港	18歳↑	208cmリーチ	契約：日本国籍又は香港永住権保持者・高卒
キャセイドラゴン航空	T600	香港			
香港航空	英語堪能	香港	18歳↑	210cmリーチ	契約：大卒↑・中国語尚可
マカオ航空	英語堪能	成田・マカオ		206cmリーチ	契約：日本国籍・全身写真・中国語尚可
エバー航空	T550/英2	成田・羽田・関西	24名	160cm↑	新卒既卒・専卒↑・中国語尚可
チャイナエアライン	T600/英2	成田	24名	160cm↑ 202cmリーチ	契約：日本国籍・既卒・中国語尚可・裸眼0.1↑
大韓航空	T550/英2	成田・関西	30名	(記載無し)	専門・短卒↑
アシアナ航空	T500	東京・大阪 名古屋・福岡	(記載無し)	(記載無し)	契約：短卒↑・韓国語有利
タイ国際航空	T600	バンコク	35名	160cm↑	3年契約・大卒↑・50m↑水泳
フィリピン航空 (機内通訳)	T650	成田・中部	20〜27歳	女160cm↑ 男167cm↑	契約：専卒↑・日本国籍・全身写真・50m↑水泳
ベトナム航空	T600↑	ハノイ・ホーチミン	女20〜28歳 男20〜28歳	女158〜175cm 212cmリーチ 男165〜182cm	日本国籍・大卒↑
中国東方航空	(記載無し)	上海・東京	20〜26歳 30名	女163〜175cm 男173〜185cm	契約：日本国籍・専卒↑・全身写真
中国南方航空	T560/英2	東京	20〜30名	162cm↑	日本国籍・中国語優遇
中国国際航空	英語又は中国語	成田・関西	20〜30名	160cm↑	日本国籍・短卒↑・全身写真
海南航空	英語堪能	北京	21〜35歳	212cmリーチ	専卒↑
※エミレーツ航空	英語堪能	ドバイ	21歳↑	160cm↑ 212cmリーチ	高卒↑
※エティハド航空	英語堪能	アブダビ	21歳↑	161cm↑	高卒↑・水泳可能・全身写真
※カタール航空	英語堪能	ドーハ	21歳↑	212cmリーチ	日本国籍・高卒↑・全身写真
アエロメヒコ (機内通訳)		成田			スペイン語・派遣社員
ルフトハンザドイツ航空	英語堪能	フランクフルト	18歳↑	160cm↑	契約(3年)：高卒↑・25m↑水泳
KLMオランダ航空	T700↑	関西・成田	21歳↑	158〜190cm	3年契約+2年延長：日本国籍・短卒↑・50m↑水泳
イベリア航空	英語堪能	マドリッド	(記載無し)	女160cm↑ 男170cm↑	日本国籍・高卒↑
スイス・インターナショナル	英語堪能	成田	20〜25歳	158cm↑	日本国籍・大卒↑・仏・独語・水泳可能
フィンエアー	英語堪能 日本語	ヘルシンキ 東京・名古屋・大阪	(記載無し)	160cm↑	正社員：50m↑水泳
エジプト航空	T550	成田	21〜27歳	157cm↑	大卒レベル

※は2022年採用試験実施　・T=TOEIC、G=GTEC、英＝英検、↑＝以上

国内航空会社　ＧＳ			
航空会社	英語力	勤務地	採用予定数・勤務形態・その他
ＡＮＡエアポートサービス	T550/英2↑	羽田	100名予定 → 正社員：新卒・GH（15名）・専門・高専卒('23.3月卒見込）／正社員：新卒・短卒↑（'20～'23卒） 20名程度 → 正社員：新卒・専門・高専卒・GH（20名程度）（早期入社可能性あり）／2月締め切り・3月試験
ＡＮＡ沖縄空港	T500↑同程度	那覇・新石垣・宮古	40名/合計 → 正社員：新卒・GH・OP・専卒↑（早期入社可能性あり） 若干名/合計 → 正社員：新卒専卒↑・既卒・GH・OP
ＡＮＡ関西空港	一程度の語学力（英語・中国語・韓国語）	関西	30名/合計 → 正社員：新卒・GH・車整・高専・専卒 40名/合計 → 正社員：新卒・短卒↑（'20～'23卒）GH・車整（会社指定時期入社） 若干名/合計 → 正社員：新卒（'20～'23卒）：短卒↑・OP・GH
ＡＮＡ大阪空港	T500/英2↑	伊丹・神戸	25名程度 → 正社員：新卒・専卒（会社指定時期入社）
ＡＮＡ中部空港	T500↑同等程度	中部	26～30名 → 正社員：新卒・高専↑・GH・OP・貨物
ANA成田エアポートサービス	T550/英2↑	成田	20名予定 → 正社員：新卒・短卒↑（'20～'23卒）
ＡＮＡ新千歳空港	T500/英2↑	新千歳	20名程度 → 正社員：新卒・専卒 11～15名 → 正社員：新卒・専門（'23卒見込）・短卒↑（'20～'22卒）
ＡＮＡ福岡空港	T500↑同程度	福岡	10名程度 → 正社員：新卒・専卒（会社指定時期入社） 若干名 → 正社員：新卒既卒・短卒↑・OP
ＪＡＬスカイ	T550/英2↑	羽田・成田	150名程度 → 正社員：専卒（会社指定時期入社） 300名程度 → 正社員：新卒・高専↑（'20～'22卒見込）'23.3月末卒見込）・総合職（10名程度）
ＪＡＬスカイエアポート沖縄	T550/英2↑	沖縄県内8空港	80名程度 → 正社員：新卒・GH・OP・SP・専卒（会社指定時期入社） 70名程度 → 正社員：新卒・GH・SP（'20～'22卒）（'23卒見込）
Ｋスカイ	T500/英2↑同程度	羽田・関西	101～200名 → 正社員：新卒・春採用（専卒）・夏採用（短卒↑）
ＪＡＬスカイ大阪	T550↑	伊丹・神戸	30名程度 → 正社員：新卒・専卒（会社指定時期入社） 40名程度 → 正社員：新卒・専卒↑（'23卒見込）・既卒・短卒↑（'20～'22卒）
ドリームスカイ名古屋	T500/英2↑	中部	60名程度/合計 → 正社員：新卒・専卒↑・SP・PT
ＪＡＬスカイ札幌	T550/英2↑	新千歳・函館・丘珠	10名程度 → 正社員：専卒↑（'20～'22卒業）'22～23卒見込）・OP 40名程度 → 正社員：SP
ＪＡＬスカイ九州	T550/英2↑	福岡	若干名 → 正社員：新卒・専卒↑・SP 熊本・大分・宮崎・長崎 → 各空港所若干名ずつ → 正社員・新卒既卒・SP・専卒↑

※ＡＮＡ系、ＪＡＬ系で採用数の多い順に記載。採用を行っている会社はこれがすべてではありません。会社によっては年数回採用試験を行っています。勤務地は空港です。
※略語・GH（グランドハンドリング／グランドサービス）、OP（オペレーション業務）・SP（ステーションオペレーション業務）・PT（パッセンジャートラフィック）・航務（運航管理支援業務）・車整（車両整備）
・TOEIC IP は ＡＮＡ・ＪＡＬ共に可（2019年現在）

質問	あなたの今の英語力は？

「主な航空会社の募集状況」から、英語力に重点が置かれているのが理解できますね。あなたの今の英語力を客観視してみましょう。

TOEIC	GTEC
TOEFL	他の語学

TOEIC IP は ＡＮＡ・ＪＡＬ 共に可（2019 年現在）

ココが POINT

・ＡＮＡグループは、TOEICもしくはGTECも可。（2019年情報）
・ここまで見てきた「航空会社と募集要項」から、ＣＡは TOEIC点数を重視する航空会社が多く、また、ＧＳはTOEIC もしくは英検の資格を併記しているところが多い。

3　CA採用試験の流れと内容

過去の採用試験の流れと内容（2019〜22年）

試験	ＡＮＡ（2019年）	ＪＡＬ（2022年）	他航空会社（CA）
1次	・書類（ＥＳ）Webにて書き込み ・テストセンターにて筆記試験（SPI）（数学・国語・英語） ・※TOEIC600以上ある人は、英語テスト免除 ・適性検査 ・動画（1分間自己紹介）	・書類（ＥＳ）Webにて書き込み ・テストセンターにてWebテスト（数学・国語・英語・適性試験）	**ANAウイングス('19)** 1次：ES、1分間自己紹介動画 2次：グループ面接 3次：個人面接、身体検査 **ジェイエア** 1次：ES、WEBテスト 2次：グループディスカッション・グループ面接 3次：最終面接、身体検査 **日本トランスオーシャン航空** 1次：ES,動画提出通過後WEBテスト 2次：グループ面接 3次：グループ面接、身体検査 **フジドリームエアラインズ** 1次：ES、WEBテスト 2次：グループ面接 3次：グループ面接、身体検査
2次	・グループ面接（20分） （面接官2人：受験者3〜4人）	・グループ面接（20〜30分） （面接官2人：受験者3〜4人）	**AIRDO** 1次：ES 2次：グループ面接、簡易身体検査 3次：最終面接、WEBテスト **ソラシドエア** 1次：ES 2次：動画選考 通過後WEBテスト 3次：グループディスカッション 4次：日本語/英語　グループ面接 5次：個人面接、耳鼻科診断
3次	・個人面接 （面接官2人：受験者1人） ・身長、体重、尿検査	・グループディスカッション（15〜20分） ・個人面接（英会話有り、面接官2人：受験者3人） ・身長、体重 ・ロールシャッハテスト（性格判断テスト）	**スカイマーク** ('22/9/22募集要項から) 1次：ES、自己PR動画 2次：WEB個人面接、WEB適性検査 3次：個人面接　合格後健康診断 **スターフライヤー** ('22/12/1募集要項から) 1次：ES 2次：面接　通過後WEBテスト 3次：面接
4次	・個人面接 （面接官2人：受験者1人） ・身体検査 　視力、色覚、心電図、血圧、採血（3本）、レントゲン（背骨・胸・腰）、鼻、聴力、インピーダンス* 　握力、立位体前屈、平衡感覚（目を閉じて直立20秒、片足を 前に出して20秒）	・個人面接 （面接官3人：受験者1人） ・身体検査 　視力、色彩、レントゲン（胸部・腰）、尿、採血、鼻、聴力、インピーダンス* ・体力測定 　長座体前屈、腹筋（足を持たないで1回）、4Kgボール持ち上げ	
5次		・個人面接（約15分） （面接官2人：受験者1人）	

※**インピーダンス**
　オージオメーターを使って鼓膜の振動をみる検査。中耳に水（滲出液）が貯まると正常の波形が出ない。主に滲出性中耳炎（耳に水がたまる中耳炎）や耳抜き（耳と鼻とをつなぐ管の機能）の程度が分かる。

航空業界の研究

4　GS採用試験の流れと内容

過去の採用試験の流れと内容（2019〜22年）

1次	● 書類（ＥＳ）：全社（ＡＮＡグループ共通Webテスト） ● Webテスト（国・数・英・適性検査） 　（ＪＡＬスカイ・ＪＡＬスカイ大阪・ドリームスカイ名古屋） ● テストセンター（ＪＡＬスカイ札幌）
2次	● グループディスカッション/オンライン 　（ＡＮＡ沖縄・ＡＮＡ関西・ＡＮＡ大阪・ＡＮＡ新千歳） ● グループ面接 　（ＡＮＡエアポートサービス・ＡＮＡ関西・ＡＮＡ大阪・ＡＮＡ中部空港・ＡＮＡ成田・ 　ＡＮＡ新千歳・ＪＡＬスカイ・ＪＡＬスカイ大阪）
3次	● グループディスカッション（ＪＡＬスカイ大阪） ● 個人面接 　（ＡＮＡ関西・ＡＮＡ大阪・ＡＮＡ中部空港・ＪＡＬスカイ） ● グループ面接 　（ＡＮＡエアポートサービス・ＡＮＡ沖縄・ＡＮＡ成田・ＪＡＬスカイ大阪） ● 簡易身体検査/身長・体重・聴力 　（ＡＮＡ大阪・ＡＮＡ関西）
4次	● 個人面接 　（ＡＮＡエアポートサービス・ＡＮＡ成田） ● 簡易身体検査/身長・体重・聴力 　（ＡＮＡエアポートサービス）

考えるヒント •••

● 2019年度からＡＮＡが動画を導入。面接時に動画で第一印象と人柄をチェックしているようだ。

● テストセンターでの試験は、従来２次試験以降で実施されていたのが、ＥＳと同時の１次試験で実施し点数の低い人の不通過に使われているようだ。

● グループディスカッション、グループ面接⇒小グループ面接、個人面接の流れから、最初は第一印象、話を聞いている時の態度、チームワークなど、基本的なＣＡ・ＧＳの要素をチェックし、面接の回を重ねるごとに個人の特性をチェックしているようだ。

● ＣＡ試験には身体検査が入っている。全身チェックはもとより、腰・耳・鼻は上空の仕事のため特に重要視され、耳に至ってはインピーダンスという、より精密な検査もある。また、３次試験で両社共に体重・身長のバランスを見ている。ＪＡＬには、体力測定もあるためここからも健康や体力重視が理解できる。

ココが POINT

募集要項から、試験でチェックされる項目は、面接、Webテスト（数学・国語・英語・適性試験）、身体検査が３つの柱であることが理解できますね。試験までにそれぞれ対策をしておきましょう。

5 身体検査について

採用試験では次のような身体検査もあります。気になる点があれば、医師に相談するなどして早めに対処をしておきましょう。

背骨・腰・鼻・耳

ＣＡの仕事場が上空であることやその仕事内容から、背骨・腰・鼻はしっかり検査されます。近くの病院で試験数カ月前にチェックして対処しておくと安心です。
側弯症 、腰痛、中耳炎など心配な人は医師に相談しましょう。

尿検査

尿にたんぱくが出ていると診断される人が比較的多く見受けられます。血尿が出る人もいます。尿検査を軽く見ることは決してせず、これも早くから事前にチェックして自分の体質を知ることから始めます。
試験が近くなったら暴飲暴食は避け栄養バランスを考えた食事をする、規則正しい生活を送る、激しい運動を避けるなど心掛けることも必要です。

血液検査

血液検査のため、前日夜から食事制限される場合があります。貧血で検査当日に倒れる人もいるくらいです。貧血の症状があると採用は難しいので、貧血があるかないかの検査もしておきましょう。

血 圧

最高血圧が100mmHgを切ると低血圧とみなされ、これも採用考慮の一つになります。血圧も軽く見ることなく定期的にチェックし、自身の健康管理を総合的に行いましょう。

傷痕チェック

身体検査時に、足・腕・手・首回りのチェックがあります。ちょっとした傷も総合的な印象につながるため、特に試験前は注意が必要です。

歯

近年、外資系だけではなく国内航空会社でも重要視されています。矯正中に試験を受けるのであれば、金具が外せるのか医師に相談しましょう。

気になるポイントを書き出しておきましょう

03 航空業界を知る

航空業界ってどんなところ？

航空会社の企業研究をする前に、日本だけでなく、世界に目を
向け航空業界を理解していきましょう。飛行機は世界中を飛び
回ります。ですから世界のどこかで何かが起きると、すべて運航
に関係してきます。

航空会社は、どのような状況の中で飛行機を運航しているので
しょうか。さまざまなことと結びついていることがよく理解
できるように解説していきます。

Ⅰ　飛行機について知る

❶　飛行機の歴史 (概要)

　世界で初めて人が大空を飛んだのは、アメリカのライト兄弟で 1903 年で
した。それ以降目覚ましく飛行機は進化発展してきました。1927 年にはニュー
ヨークを飛び立ったリンドバーグがパリに着陸。初めて大西洋単独無着陸飛行
に成功しました。

　二つの世界大戦では各国が軍用機としての開発に力を注ぎ、飛躍的な技術
進歩をとげました。第二次世界大戦後、旅客機は高速化が進みプロペラ機から
ジェット機の時代となりました。

　1960 年代には一層の大型化・高速化が進み、1970 年代には地球の裏側へ
到達可能な航続性能を有し、さらに大型化したワイドボディー機の B-747 や
DC-10 などが主流となり、座席数の拡大と運賃の低下によって大量輸送時代の
幕開けとなりました。

　現在は A380 のような 2 階建て飛行機も運航されていますが、燃料費の高騰
によって中型機が主流になっています。

　宇宙旅行に行く旅客機が飛んでいる時代も、そう遠くないかもしれません。

❷　世界の空を飛ぶ民間飛行機の種類

　世界の主要な民間飛行機メーカーのうち、ボーイング社とエアバス社は大型
〜中型機を主に製造し、エンブラエル社とボンバルディア社は小型機を製造
しています。

旅客数世界最大の旅客機はエアバス社のA380（既に生産終了）で、ＡＮＡが3機購入し、2019年からハワイ路線に投入しています。

　ここでは世界で使用されている主な大型機、中型機、小型機を見ていきましょう。コロナ禍において、各航空会社は機材保有数や種類を少なくしています。航空会社を受験する際には、航空会社がどんな飛行機を運航しているのか、各社ホームページで調べてみましょう。

世界で使用されている主な旅客機

	ボーイング社		エアバス社	
超大型機	B747-8	愛称：ジャンボ 日本では日本貨物航空のみ運航 8機	A380-800	総2階建て エミレーツが最多保有 ＡＮＡが3機 (FLYING HONU)
大型機	B777-300 B777-200	2019〜日本政府専用機 愛称：トリプルセブン ANA STAR WARS塗装機	A350-1000 A350-900	最新鋭航空機 省燃費・低騒音機材 ＪＡＬ国内線のフラッグシップ
中型機	B787-10 B787-9 B787-8	ＡＮＡ：ローンチカスタマー ドリームライナー ANA STAR WARS塗装機 ZIPAIR TOKYO、AirJapan	A340-600 A340-500 A340-300 A340-200	長距離路線向けのワイドボディ 4発ジェット旅客機。日本では購入していない
	B767-300	中距離用 ANA鬼滅の刃じぇっと JALDREAM EXPRESS Disney100 AIRDO	A330-300 A330-200	エアアジアXなど
	B737-900 B737-800	ＡＮＡウイングス(ＡＮＡ共通事業機) ＪＴＡ、ソラシドエア	A320 A321	世界のLCCでも多く運航。ジェットスタージャパン、スターフライヤー ＡＮＡ、Peach
	エンブラエル社		ボンバルディア社	
	エンブラエル170 エンブラエル190	ジェイエア、フジドリームエアラインズ	DHC8-Q400	プロペラ機 ＡＮＡウイングス 日本エアコミューター　　など

解説　ボーイング：アメリカにある世界最大の航空宇宙機器開発製造会社
　　　エアバス：本社はフランスのトゥールーズ。Ａ380は世界最大の民間航空機
　　　エンブラエル：ブラジル　世界第3位の旅客機メーカー
　　　ボンバルディア：本社はカナダのモントリオール

　さて飛行機の価格について想像がつきますか？小型のB737-800で137億3,400万円、B777-9で572億円です。世界で最も大型のエアバスA380（生産終了）は611億6600万円で最も高価な飛行機です。（日本円価格は2017年エアバス社・ボーイング社のカタログ価格をもとに、1USD＝¥140円で著者換算）

❸ 飛行機の着陸料

　飛行機が空港に着陸する際には着陸料がかかります。着陸料は原則として機体の重量と着陸回数によって決まるのが一般的とされていますが、日本では飛行機の騒音レベルによっても料金が上下します。

　日本や世界の着陸料はどれくらいかかるのでしょうか。

国際線の航空機（B-787）1回当たりの着陸料（単位：千円）

羽　　田	763	ロンドンヒースロー	230
成　　田	434	蒲東〔上海〕	208
JFK〔ニューヨーク〕	405	シャルルドゴール	188
チャンギ〔シンガポール〕	274	シドニー	0
香　　港	310		

2019年の成田国際空港（株）資料（IATA出典）を元に、著者が1USD=140円で換算

❹ 飛行機を利用している旅客数

　国際航空運送旅客協会（IATA）によると、2017年には世界の航空旅客数が初めて40億人を突破し、日本においても2018年には入国外客数が出国日本人数を上回りました。しかし、2020年初頭に中国で発生した新型コロナウイルス感染症は瞬く間に世界に拡大し、2020年1月、WHO（世界保健機関）は緊急事態宣言を発表。各国が水際対策や外出制限をとる中、飛行機利用者数は激減していきました。2019年度には順調に伸びていた世界の航空旅客数45億4,300万人が、2020年度には13億3,100万人と大きく減少しました。

　やがて世界各国が水際対策を緩和し、2022年4月の航空需要は国際線の伸びが回復を牽引し、世界の外国人観光客数は、2022年前半には2019年の半分の水準に回復しました（国連世界観光機関/UNWTO）。

　日本では政府が水際対策を緩和し、2022年10月には1日の入国者数上限を撤廃。ツアー以外の個人の外国人旅行客も2年半ぶりに入国解禁となり、それを受けて、特に東南アジアや台湾からの訪日需要は円安の追い風を受けて予約が好調に。しかし、これまで訪日外客数のトップだった中国がゼロコロナ政策を継続していましたが、2022年12月1日、習近平国家主席は北京で開催の欧州理事会常任議長との会談で、ゼロコロナ政策を緩和する可能性を示唆（AFP＝時事）。これが早期実現すれば今後の日本への中国人入国者数が期待されます。

⑤　空港のこれから

　飛行機が飛ぶためには、必ず空港が必要となり、世界中には多くの空港が存在します。

　1970年代に入り、航空需要の増大に伴って航空産業の規制緩和が進みました。1987年にはイギリスBAA（英国空港運営公団）の民営化により、ヒースロー空港や、ガトウィック空港が民営化され、世界初の民間による空港経営が始まりました。国や自治体など公共の所有から、民間企業に経営を任せるこの動きは1990年代後半になると世界中で広がり、2021年時点で世界中の約190の空港が民営化されています。

　日本でも97の空港がありますが、2016年の関西空港・伊丹空港を皮切りに、仙台空港が民営化されました。続く、高松・神戸・下地島・静岡・南紀白浜・福岡・北海道内7空港・熊本・広島空港が民営化しましたが、航空会社と同様、コロナ禍による旅客数の減少で収入が落ち込み、赤字決算を発表する空港やターミナルビル運営会社が続出しました。また、日本の空の玄関口、成田空港と羽田空港の運営権を民間に売却する「コンセッション※」の実施を政府が検討しています。

　各空港会社は、コロナ収束後の航空需要を取り組むことが必要不可欠となっています。

　今後は、飛行機の利用者だけでなく、空港そのものを目的と考えるお客様の取り込みも必要となってくることでしょう。

※空港コンセッション：滑走路や空港旅客ターミナルビルなどの空港関連施設の所有権は国や地方自治体など公的機関が持ったまま、長期間の運営権を民間企業が取得し、空港の維持・管理や運営を民間が担う事業形態のこと。（日本経済新聞－ NIKKEI COMPASS より）

まとめ

アフターコロナの航空業界は？

　かつて経験したことのないほど全世界に影響を及ぼした新型コロナウイルス感染症（COVID-19）の感染拡大により、航空業界は大打撃を受けました。しかし、感染症の収束と共に人々は世界中を移動します。

　これからの航空業界がどうなっていくのか、その中でどのように働きたいのか、このパンデミックをきっかけに考えておきましょう。

2 航空会社について知る

❶ 世界の定期旅客便の航空会社数

　３レター※の空港コードを持つ空港に就航している世界の定期旅客便の航空会社の総数は 648 社（2019 年。2018 年は 741 社）です（一般財団法人 日本航空機開発協会　令和 3 年度版 民間航空機関連データ集より）。

　※**3 レター**　空港コードは、ＩＡＴＡ（国際航空運送協会）により定められており、世界に 1 万以上ある空港にコードが割り振られている。（例：羽田＝ＨＮＤ）一方、ＩＣＡＯ（国際民間航空機関）は 4 レターコードで、公的機関や航空管制系統で使用されている。

❷ 世界の航空会社ランキング

2021 年（出典：IATA,WATS2021 より）

順位	航空会社名	有償旅客キロ※（百万キロ）RPK	順位	航空会社名	旅客数（百万人）
1	アメリカン航空	123,997	1	サウスウエスト航空	67.8
2	中国南方航空	110,650	2	中国南方航空	67.6
3	デルタ航空	106,488	3	アメリカン航空	65.7
4	ユナイテッド航空	100,188	4	中国東方航空	61.1
5	中国東方航空	88,728	5	デルタ航空	55.1
6	サウスウエスト航空	87,263	6	ライアンエア	51.0
7	エミレーツ航空	78,746	7	中国国際航空グループ	42.6
8	中国国際航空グループ	71,417	8	ユナイテッド航空	37.8
9	ライアンエア	64,928	9	インディゴ	35.7
10	カタール航空	57,171	10	イージージェット	26.5

※ RPK：Revenue Passenger-Kilometers/ 有償旅客キロ（有償旅客数×輸送距離キロ）
日本の航空会社では、有償旅客キロでＡＮＡが 30 位、ＪＡＬが 38 位。

※参考2017年（出典：IATA, WATS2017より）

順位	航空会社名	有償旅客キロ※（百万キロ）RPK	順位	航空会社名	旅客数（百万人）
1	アメリカン航空	364,191	1	アメリカン航空	199.6
2	デルタ航空	350,299	2	デルタ航空	186.4
3	ユナイテッド航空	347,963	3	サウスウエスト航空	157.8
4	エミレーツ航空	292,221	4	ユナイテッド航空	148.1
5	ルフトハンザ航空	261,156	5	ライアンエア	130.3
6	ＩＡＧ	252,819	6	ルフトハンザ航空	130.0
7	エールフランス-ＫＬＭ	248,476	7	中国南方航空	126.3
8	中国南方航空	230,697	8	中国東方航空	110.8
9	サウスウエスト航空	207,802	9	ＩＡＧ	104.8
10	中国国際航空グループ	201,090	10	中国国際航空グループ	101.6

日本の航空会社では、有償旅客キロでＡＮＡが 24 位、ＪＡＬが 29 位

まとめ

コロナ禍の中国の光と影

　有償旅客キロで見ると、2017年のランキングでは、米国3大航空会社が圧倒的に強かったのですが、2021年は米国の航空会社が大きく下げる中、中国の2社が5位以内に入りました。

　しかし、2021年の国際空港の旅客数ランキングでは、上位7位までを米国の空港が占め、2020年に上位を占めていた中国は8位に後退しました（2022年11月9日付け日本経済産業新聞より）。中国は12月1日、習近平国家主席が、継続してきたゼロコロナ政策を緩和の可能性を示唆。航空業界の活性化も国によるコロナ対策に左右されていると言えそうです。

巨大LCCの席巻

　米国のサウスウエスト航空は旅客数で1位、有償旅客キロでは9位から6位へ順位を伸ばし着実にメガキャリアと肩を並べ始めています。ヨーロッパのライアンエアは有償旅客キロで9位にランクイン。また、インド系のインディゴ、イギリスのイージージェットは旅客数において10位以内に入っています。先に見たように、2021年の国際空港の旅客数ランキングにおける米国空港の勢いは、LCCの需要が増加したことも背景にあると言えます。今後さらにLCCを利用する人は増えると予測されます。

気になるポイントを書き出しておきましょう

3　航空会社の特徴を知る

❶　航空産業は国の重要な基幹産業

　空港は道路や港などと同じく人流や物流の拠点で、社会や経済を支える
インフラです。その空港を基盤として、飛行機を使えば特有のスピードを
生かして移動することができます。飛行機は世界の国々との人的物的輸送に
どのような役割を担ってきたのでしょうか。

［1］ヒトの移動

　ヒトは世界中を移動します。観光やビジネス、留学などどこにでも行ける
時代。飛行機によって昨日ロンドンにいても1日たてば東京に戻ることも可能
です。そのフライトが毎日運航していることを考えれば、海を渡る必要不可欠
な足となっています。

［2］モノの移動

　飛行機のスピードを生かして緊急を要するものを世界中に届けることが可能
になりました。戦争や紛争地域、また災害の時も医療・医薬品を届けるのは
重要な役目です。肉や魚、野菜類などの生鮮食品も、海外から一両日に届く
ことも可能になりました。それも飛行機があるからこその恩恵です。

［3］文化の交流

　絵画、音楽、バレエ、ミュージカルなど世界的の芸術に直接触れることも
可能になりました。これらの文化交流は人々の心を豊かにするだけではなく、
さまざまな国への理解を促すことに役立っています。

［4］動物を通じた交流

　1972年パンダが初めて日本にやってきました。以降パンダ外交という言葉
が生まれたように中国との関係を象徴する外交的シンボルを支えたのは飛行機
でした。多くの動物が貨物機で日本の動物園にやってきました。
　また日本の競走馬が海外遠征で活躍していますが、それを可能にしている
のも飛行機です。

［5］大変な時もスピードを生かして活躍する

　2011 年の東日本大震災では、航空会社は多くの臨時便を出し災害時支援を行いました。世界の国・地域からは速やかに災害救助隊が派遣され、救援物資も届けられました。国内に目を向けてみても、日本の離島に住む人々の医療や生活を守るために必要不可欠な存在になっています。四方を海に囲まれた日本において、航空産業・航空会社は重要な基幹産業と言えます。

❷　世界情勢から影響を受ける航空会社

　国から国へとヒトやモノを運ぶ航空会社は、世界中のさまざまなことから影響を受けます。具体的に見ていきましょう。

［1］世界の人口動向

　世界の人口は 2022 年 11 月に 80 億人に達しました。『世界人口推計 2022 年版』によると、2023 年にはインドが中国を抜いて世界で最も人口が多い国になり、世界人口は 2030 年に約 85 億人、2050 年には 97 億人に増える見込みで、コンゴ民主共和国、エジプト、エチオピア、インド、ナイジェリア、パキスタン、フィリピン、タンザニアの国々で人口増加が予測されています。

　今後世界的な人口増加によって、人々の移動も盛んになることが予想され、航空業界の存在も更に重要度を増すことでしょう。因みに総務省によると、2022 年日本は 1 億 2,560 万人で、今後減少の一途をたどると予測されています。

［2］世界の経済動向

　経済の成長は航空業界の活性化には大切な要素です。経済動向を見る指標として経済成長率（GDP の増加率―物価の上昇率）があります。ＩＭＦ（国際通貨基金）によると、2022 年世界経済の成長率は 3.2％、日本は 2 年連続 1.7％、米国が 2.3％、ユーロ圏が 2.6％、中国 2.8％、インド 7.4％となっています。ASEAN 5 カ国は 5.3％でした。マイナスではないものの高い成長率とは言えない状況です。

　また、世界のインフレ率※は 2021 年の 4.7％ から 2022 年には 8.8％ に上昇し、世界的なインフレが人々の生活を脅かしています。

　新型コロナがまだ収束していないこと、ロシアのウクライナ侵攻、中国の成長見通しなどが、今後の世界経済の見通しに重くのしかかっていると言われています（IMF 世界経済展望レポート '22 より）。

また、航空会社にとって為替変動が利益に大きな影響を与えます。2022年11月現在、1 USD ＝ 140円前後で推移していますが、2021年1月の1 USD ＝ 103円に比べればかなりの円安です。円安メリットとしては訪日外国人数（インバウンド）が増えることです。外国人客にとっては、日本での宿泊や食事、購入する物品などが円安でメリットがあります。またコロナ禍により制限されていた1日の入国者数上限が2022年10月に撤廃され、約2年半ぶりにインバウンド需要の回復が見込まれています。

　一方デメリットとしては、逆に日本人出国者（アウトバウンド）にとっては割高な旅行になるため、旅行を手控える人が多くなれば航空会社にとってはマイナスになります。また燃料の高騰、機材購入や機材の部品調達、チケット代金の値上がりなどさまざまなところにその影響が出てきます。

　　※ＡＳＥＡＮ…東南アジア諸国連合。当初の加盟国は、タイ、インドネシア、シンガポール、フィリピン、マレーシアの5カ国。その後、ブルネイ、ベトナム、ラオス、ミャンマー、カンボジアが加盟し、現在は10カ国で構成されている。
　　※物価上昇率（インフレ率）…昨年に比べてどれくらいインフレになったかを表した指数。

［3］イベントリスク

　本来、国際線は日本から世界へ、世界から日本へと拡大し続けています。

　ですが今回の新型コロナのように、世界のどこかでひとたび何かが起これば影響はその国だけにとどまりません。いつどこでどんな状況に巻き込まれるか分からない危険性があります。これをイベントリスクと呼びます。どのようなイベントリスクがあるか、世界に目を向けて考えてみましょう。

原油価格の高騰

　2021年から始まった原油価格の高騰にはさまざまな要因があります。大きな要因として、石油輸出国機構（ＯＰＥＣ）※と非加盟の主要産油国で構成する「ＯＰＥＣプラス」が需給調整を通じて石油価格の維持を図るようになったことが挙げられます。また、世界第3位の産油国であるロシア（OPECプラス参加）がウクライナに軍事侵攻したことで主にＧ7※参加国が経済制裁を行いました。特にヨーロッパの国々や日本は原油を輸入に頼っていることから高騰のあおりを直接受けてしまいます。このような不安要素を抱えている航空会社ですが、現在2050年の脱炭素社会の実現に向けて次世代航空燃料ＳＡＦに着手しています。

※OPEC…石油輸出国機構（サウジアラビア、イラン、イラク、クウェート、ベネズエラの5カ国で1960年9月に設立され、2018年6月末現在は中東やアフリカ、南米の14カ国が加盟）
※G7（日本、米国、イギリス、ドイツ、フランス、イタリア、カナダ及びＥＵで構成される政府間の政治フォーラム）

感染症の世界的な拡大 （エピデミック・パンデミック）

WHO（世界保健機関）は、2020年1月30日、新型コロナウイルス感染症について、「国際的に懸念される公衆衛生上の緊急事態（PHEIC）」を宣言し、その後、世界的な感染拡大の状況、重症度等から3月11日、「新型コロナウイルス感染症をパンデミック（世界的な大流行）とみなせる」と表明しました。

過去にもパンデミックは起きています。特に有名なのは「スペインかぜ」（1918-1919年）です。それから100年。飛行機で世界中を簡単に往来できる現代に起きた今回のパンデミックは、世界中の国と人々に衝撃を与え、航空・観光業界に大打撃を与えました。この影響はまだ続いています。

世界各地での事件や紛争

1990年8月、イラクのクェート侵攻の時には、路線変更が度々ありました。その1カ月後の9月2日、侵攻で勃発した湾岸危機でイラクの人質となった日本人のうち70人が、日航特別救援機に乗り継いで帰国し、航空業界に注目が集まりました。

また、2001年9月11日のアメリカ同時多発テロ事件では、その後のニューヨーク便にも多大な影響を与えました。

2022年2月に始まったロシアによるウクライナ侵攻は現在、ヨーロッパ便の飛行ルート変更につながっています。

このように、飛行機は国をまたいで飛行するため、世界各地での事件や紛争から大きな影響を受けます。航空業界を見る時、地政学的な視点が必要になります。

［4］観光や世界的な催しの開催

世界的に有名な観光地は、世界中の人々が絶えることなく訪れます。

国際的な市場調査会社ユーロモニターインターナショナル社のレポート「外国人訪問者数世界TOP100都市2019版」によると、「2019年、世界のインバウンド訪問者数は、延べ15億人に達すると見込まれている」と発表されています。

世界遺産の登録は年々増え続け、4年に一度のオリンピック、パラリンピック、サッカーやラグビーのワールドカップには世界中の人々が開催国に集います。

日本では、2025年に大阪・関西万博の開催が予定されています。日本国内はもとより、海外から多くの人々が訪れることを期待しましょう。

まとめ

航空業界のこれからに期待!!

　航空業界の業績を左右する要因にはあらゆるものがありますが、中でも世界経済の安定が何よりも大切です。しかしそのためには、世界中に紛争や戦争が起こることなく平和に人々が暮らすこと、また地球の環境保全をしていくことが航空業界の発展のためにも何より重要です。

　これまで航空業界はその歴史の中で、2001 年の 9.11 同時多発テロ、2002 ～ 3 年の SARS 流行、2008 年のリーマンショックなどを経験しながらも克服し成長してきました。

　経済や世界情勢の波は世の常です。これからの航空業界に期待しましょう。

質問	世界規模の人口増加は航空業界にどのような波及効果があるのか、さまざまな観点から考えてみましょう。

質問	世界の経済動向やイベントリスクの内容から航空会社の将来について考えてみましょう。

●世界の経済動向から

●イベントリスクの内容から

考えるヒント ●●●

[良い予測]
インドを含む南アジアを中心にして経済成長と人口増加が見込まれ、グローバルな規模では利用者数は更に伸びると予想される。日本の航空会社においても今後も新規路線開拓や増便をしていくことが見込まれ、ますます旅客数が伸びていく。

[悪い予測]
世界的な不景気になると全ての航空会社の経営が難しくなる。世界的規模でのイベントリスクやエピデミックの発生で、旅客が利用しなくなり、定期便を中止することになる。
LCC が今後ますます勢力を伸ばすため、FSC の合併・再編や破綻の可能性もある。

4　航空会社の未来

❶　航空会社のこれから

　約３年にわたる新型コロナウイルス禍の経験を、航空会社は今後どのように
生かしていくのでしょうか。

　特に日本では、
- ●本家本元のＦＳＣ（フルサービスキャリア）のさらなる充実
- ●系列ＬＣＣ（ローコストキャリア）の路線拡大
- ●人的資源の活用
- ●脱炭素を目指す持続可能な航空燃料（ＳＡＦ）の使用
- ●非航空事業（Ｅコマースなど）の収益拡大
- ●航空連合のさらなる強化

等の取り組みがあります。

　ここでは国内のＦＳＣ、ＬＣＣ、ローカルを拠点とする新規航空会社など
を見ていきます。

［1］日本国内のＬＣＣと新規航空会社

ＡＮＡ系ＬＣＣ	ＪＡＬ系ＬＣＣ	新規航空会社
Peach Aviation Air JAPAN	ZIPAIR Tokyo SPRING JAPAN JETSTAR JAPAN	スカイマーク・ソラシドエア・スターフライヤー・AIRDO・IBEX・フジドリームエアラインズ　など

[2] ＦＳＣとＬＣＣをさまざまな観点から比較して違いを確認する

FSC (フルサービスキャリア)	項　目	LCC (ローコストキャリア)
	チケット 予約・販売	
	使用空港 の特徴	
	使用機種	
	駐機 (地上滞在) 時間	
	預託手荷物	
	チケット	
	働き方	
	制　服	

[3] 国内の新規航空会社など、ローカル航空会社の特徴も調べて
記入していく

新規航空会社の特徴	
路　線	
機　材	
搭乗客	
生活との密着性	
魅力ポイント	

ココが POINT

いかがでしたか？　さまざまな航空会社が日本には存在し、
それぞれの個性を持ちお客様に愛されています。自分が働き
たいと思える航空会社の数を増やしましょう。

5　日本の航空会社とCA・GSの役割

❶　ポストコロナ時代のCA・GSに求められていること

競争激化の航空業界

　次に、今この時代にCA・GSに求められることは何かを考えていきましょう。

　今、日本国内だけで、主な旅客航空会社がいくつあるか知っていますか？国土交通省によると2021年冬季運航の会社は24社に及びます。

　日本の空は狭いですが、ローカル航空会社の存在が増えたことで競争が高まり、旅客にとっては飛行機の魅力は多様化し、好きな航空会社を選べる時代になりました。

　一方で、日本は超高齢化社会、人口は年々減少傾向にあることは「世界の人口動向」（P37）で見てきました。日本の国土の中で航空業界は、2大航空会社、ローカル航空会社、および、今後ますますその存在が大きくなることが予想されるLCCと、競争激化の業界でもあります。

最前線で顧客獲得の使命負う

　競争が激しく、生き残りをかけている航空会社において、1人でも多くの新規のお客様とリピーターを確保していくことがとりわけ重要です。

　その使命を担っているのが、最前線で1番お客様に近いポジションにいるCA・GSです。

　また、GSは手荷物預かりなど、次第に業務が簡素化、AI化される中で、どのように必要不可欠な人材となっていくかがさらに重要になります。

　ポストコロナで各航空会社はどのような方針・戦略を打ち出し、この多難な時代を乗り越えていくのでしょうか。

　CA・GSは空の仕事だけではなく、他企業であってもその中に入り、航空会社の顔としてアピールしていく存在となるかもしれません。

② 航空会社という組織の1人

　ここでもう一つ航空業界を理解する上で大事なことがあります。

　それは、あなたが採用される時、1人のCA・GSとして採用されるというよりも、その会社という組織の中の1人としてふさわしいか否かを判断され採用されることの方が大きい、ということです。

　特に新卒試験を考えると、一般企業と同じ時期に採用試験が行われます。CAの試験内容には身体検査が入るところが特徴ですが、試験過程において大差はありません。

　「会社という組織の中の1人」であることを下記の【図1】は表しています。

　1機に多くの職種の人が関わっていることが分かります。

【図1】航空会社の仕事（概要）

操縦室
（パイロット）

客　室
（CA）

整　備　　　機内清掃　　　運航管理（航務）

旅客ハンドリング　　　　ケータリング　　　　グランドハンドリング
（GS）　　　　　（飲食の用意・運搬）　　　（地上支援業務）

電話でのフライト予約　　バックツアー　　営　業　　総務・人事・経理など
予　約

質問	「【図1】航空会社の仕事」から、ＣＡは接客と保安に対する要素だけではなく、さらに必要とされることは何かを考えてみましょう。

質問	「【図1】航空会社の仕事」から、GSは旅客と最初に出会う「会社の顔」として、予約から空港に至るまで、同じ会社の仲間がどのように関係しているかを考え、どのような気持ちで仕事をする必要があるのかまとめてみましょう。

考えるヒント ••

ＣＡとＧＳが空港や機内で直接旅客と接するが、飛行機を飛ばすためには、【図1】にあるようにさまざまな部門、職種が関わっている。例えばパックツアー客なら、営業担当者が旅行代理店に座席を売るところから関わっている。ＣＡ・ＧＳだけがお客様に接しているというのではなく、社員全員で一機を飛ばしているという意識を持つことが求められている。

ムリーヤは夢・希望そのもの

　ムリーヤという愛称を持つ世界一大きい飛行機 An-225 を知っていますか。

　全長 84 メートル、幅 88 メートルで、片翼に 3 基ずつ 6 基のエンジンを搭載し、32 個もの車輪を持つ飛行機です。

　ムリーヤは旧ソビエト連邦時代に、宇宙船を乗せて空輸するためにウクライナで製造されました。その後ソ連が崩壊したこともあり、宇宙船を乗せて飛行したのは 1 回のみでした。

　ウクライナに残ったムリーヤは、2000 年代から貨物機としてさまざまな役割を果たしています。戦車やヘリ、トラック、路面電車、飛行機の胴体部分の一部、130 トンの発電機などありとあらゆる物を運び、ムリーヤにしかできない仕事を多くこなしました。日本にも何度か飛来し、2010 年ハイチ大地震復興支援で使用する重機類 100 トン以上を輸送する目的で、日本の防衛省がチャーターし、成田国際空港に初飛来。2011 年 3 月の東日本大震災の際には、フランス政府による 150 トンの救援物資を日本へ輸送しました。2020 年には新型コロナウイルス関連での医療機器搬送にて 3 度も中部国際空港（セントレア）に降り立ちました。

　ところが、2022 年 2 月ウクライナ侵攻でロシアによって破壊されてしまいました。

　ムリーヤの見たこともない形とその存在に感動していた筆者は、小学生や中学生に航空業界の話をする機会があった時、この飛行機を子どもたちに紹介しました。ムリーヤを大好きだった人は世界中に大勢いたことでしょう。

　ムリーヤはウクライナ語で「夢」という言葉です。

　人々に夢と感動を与えてくれたムリーヤ。再建計画が進められているとの報道もなされています。再び、世界で活躍できる時が平和とともに訪れることを心から願っています。

第3章
自己分析

自己を理解する

自己を理解する

【汝　自身を知れ】自己探索を具体的に行うことが、ＥＳ・面接の土台になります。

Ⅰ　なぜCA・GSになりたいの?

　採用担当者はさまざまな角度からＣＡ・ＧＳとしてふさわしいかどうか、あなたの資質や意欲を見ています。あなた自身がどのような人か、なぜ応募してきたのか、明確な答えがないと採用側も判断がつかず、採用判定のテーブルに乗ることすらできません。当然内定を得ることは難しくなるでしょう。

　この章では自分を知るために自己を探索していきます。

　あなた自身が「なぜ自分はＣＡ・ＧＳにふさわしいのか」を知ることがスタートです。

質問	はじめに質問です。あなたは、なぜCA・GSになりたいのでしょう。今の思いを書いてみましょう。

明快に説明できましたか？

　多くの人が、憧れそのものや憧れたきっかけについて書いたのではないでしょうか。「空港を利用した際にＣＡやＧＳの姿を見て、なりたいと思った」というように。

　でも憧れているからといって、お客様に良いサービスができるとは言えませんね。採用担当者には、「自分にはＣＡ・ＧＳが適職であり、単なる憧れではなく仕事として選んだのだ」ということを端的に伝える必要があります。

　次ページからの自己分析をしていけば、しっかりと伝えることができるようになりますよ！

ココが POINT

就活では、自己分析が自分の「軸」を見極めていく上で重要。
あなたらしさを探し、相手にあなたの良さが伝わるように、
自己ＰＲや志望動機につなげていきます。

気になるポイントを書き出しておきましょう

2 「私」について考える

① 振り返ってみる｜ライフラインチャートを記入する

　最初に、過去から現在までのあなた自身について振り返ります。

　昨今、人生100年時代と言われていますが、あなたが生きてきた時間は20年前後ですね。しかし、その年月はさまざまな経験をして日々成長を遂げてきた月日の積み重ねです。

　ライフラインチャートは、自己分析を進めて自分について考えていく上での一つの材料となります。印象に強く残る経験・出来事を直感的に記入してみましょう。その経験・出来事に直面したときに、満足度（充実度）はどれぐらい高かったのでしょうか。同時に将来のキャリアや職業について考えるきっかけとなった経験・出来事はいつだったのかも振り返ってみましょう。

作成手順

① 自身に影響を与えた経験・出来事（一生懸命がんばってきたこと、成功体験、失敗体験等）を思い出します。
② 経験・出来事について、時期と満足度を示す箇所に印をつけ、その近くに経験・出来事の内容を記入します。
③ 上記でつけた印を曲線で結びます。

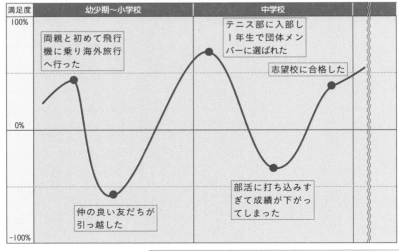

参考：厚生労働省「実践的能力証明シート活用マニュアル」

52

質問　ライフラインチャートを記入してみましょう。

満足度	幼少期〜小学校	中学校	高校	専門学校・大学	社会人
100%					
50%					
0%					
-50%					
-100%					

3

自己分析

Section04　自己を理解する　53

② 振り返ってみる｜自分史を作る

ライフラインチャートを書くことで、いろいろな場面で自分なりにがんばってきたことや、好きだったことに思いあたったのではないでしょうか。

自分のモチベーションが上がるのはどんな時か、価値観や重要だと思っていることはどんなことか、など自分の特徴も浮き彫りになります。この振り返りがこれからのさまざまな自己分析の大もとになります。

思い出したエピソードの中に、自分の適性が表れていることを発見し、なぜその方向に向かうのかを分析すると、自分の考え方が明確になってきます。

次は、ライフラインチャートをもとに自分史をまとめてみましょう。

気になるポイントを書き出しておきましょう

自分史ノート

	学校生活（勉強・クラブ活動・友達）	日常生活（家族・住んでいる町の暮らしや人）	印象に残った出来事（楽しかったこと・辛かったこと）	自分に影響を与えたと考えられる出来事や人
幼少期・小学生時代				
中学生時代				
高校生時代				
学生時代				
社会人				

③ 興味・関心を探る

　次に興味・関心のあることについて考えてみます。自分の大切な考え方や印象に残っているエピソードを思い出してみましょう。幼いころ見たテレビ番組の主人公を、なぜ好きなのか考えてみると、主人公のような人間に近づきたいと思っていた、などという自分に気づくかもしれません。

　そこには、あなたが大切だと考える、あなた自身の価値観を見つけるヒントが隠されています。

ココが POINT

【それはなぜ？】
なぜそうなのか、深く掘り下げて考えるクセをつけましょう。
理由を考えることで、あなたらしさがより明確になります。

質問１	興味関心のあることについて書き出し、なぜそれが好きなのか理由も考えましょう。
① あなたの好きな本・雑誌・漫画・テレビ番組	題名とその理由
② その他、興味あることについて	興味のあることとその理由

質問2	ＥＳや面接では、あなたがどのような人かを知るために次のようなことをよく聞かれます。その点について考えてみましょう。

① 最近感動したことについて／なぜ感動しましたか？

② 最近感謝したことは、または感謝されたことは？

③ 接客やサービスについてどのように考えていますか？なぜそう考えますか？

質問	あなたは周りからどのような人だと言われますか。 相手からなぜそう思われるのか、理由も聞いて書き出してみましょう。

（例）
周りをよく見て、チームの雰囲気をまとめることができる。

（理由）
ゼミで意見が集約できず雰囲気が険悪になった時も、1人1人、特に少数派の人の意見も丁寧に聞いていた。おかげで、皆でがんばろうという雰囲気ができ、ゼミの課題が達成できた。

1人目……

2人目……

3人目……

4人目……

4　強みと弱み

❶　あなたの強みは何ですか

　ここまで考えてきたことから、あなたが気づいた自分の強みを書いてみましょう。あなたの能力や長所、得意なことを導き出してください。

ココが POINT

【強みとは】
ここでいう強みとは、仕事で生かせる能力のことですが、華やかなことや、人が驚くようなことでなければ強みにならないと思う必要はありません。
日頃から心掛けていることや工夫していること、人目につかなくても私だからこそやれる！そんな強みを持っているあなたこそ、ＣＡ・ＧＳとして活躍できる可能性があります。

質問	あなたの強み（能力、培ったこと、長所）は何ですか。

（例）私の強みは、相手の気持ちを察して行動できること。

私の強みは……

私の強みは……

私の強みは……

② あなたの弱みは何ですか

　弱みについても考えておきましょう。リーダーシップがあるという強みは逆の面から見ることで、"我が強い"といった自分の弱みに気づくことができます。弱みをどのように改善しようとしているかを考えましょう。

質問	あなたの弱み（短所や得意でないこと）は何ですか。また、その弱みを改善するために意識していることは？

（例）私の弱みは、思いが強すぎて、頑固な面がある点。
その弱みを改善するために、多くの人の意見やアドバイスをしっかり聞くことで、客観的な視点で物事を判断するように心掛けている。

私の弱みは……

その弱みを改善するために意識していることは……

ココがPOINT

【弱みと強みは表裏一体】
弱みに見えるところでも、そのことを理解し克服していこうという行動をとっていれば大丈夫！素直に自分の短所を認めた上で行動している人は、相手に誠実な印象を持たれます。

まとめ

あなたの特徴を、次頁の表にまとめてみましょう

　自分という人間には、どのような良いところがあり、どのような欠点があるのか。これまで何を経験し、何を身に付け、どのような考え方や方向性を見出したのか。少しずつあなた自身が見えてきましたね。ここまでで見えてきたことをまとめておきましょう。

5　自分の人生の振り返りまとめ

　自己分析の最初に、幼いころからの自分を振り返り、自分史ノートを書きました。また、がんばったことや、興味のあることや強みなど細部にわたって自身を振り返ってきました。

　これらを参考にしながら下記にまとめてみましょう。

質　問	内　容	具体的なエピソード
① 人生の中で1番印象に残っている出来事は何ですか？		
② 人生の中で1番チャレンジしたことは何ですか？		
③ 人生の中で後悔したこと、またはこうしておけば良かったと思うことは何ですか？		
④ これまで、困難にぶつかった時、どのように乗り越えましたか？		
⑤ 人生の中で大切にしてきたことは何ですか？		

6　CA・GSになったあとの未来とは

　未来のあなたについて考えてみます。

　航空業界での働き方は、お客様対応だけではなく、不規則な勤務や職場環境から、非常に体力や精神力が要求される仕事です。

　また、コロナ禍を経て航空会社も事業拡大に向けて動く中、一職種にとらわれない柔軟な考え方や対応も必要となります。

　仕事を理解し、自分の将来をしっかり見据えた上で応募してきた人は、単なる憧れではないため企業も大変魅力に感じます。

　5年後10年後、どうなりたいのか自分の未来を描いてみましょう。

　長期的な視点で自分の人生をイメージしておくことが大切です。

　生き生きとした人生を送るためには、「とりあえず航空業界で働く」ではなく、どのような未来を送りたいかを考え、次の表に書き込んでみましょう。

CA・GSになった後の未来を想像して具体的に描いてみましょう。		
10年後	3年後	1年後

キャリアビジョン

上記の内容を実現するために準備すべきこと（具体的に）

当面：

将来：

第4章
職種研究

職種を理解する

05 職種を理解する

ＣＡ・ＧＳになりたい！ 憧れの制服を着て笑顔でサービス
する！ しかしそれだけが仕事ではありません！
就きたい仕事のさまざまな面をしっかり理解して、自信を持って
試験に臨みましょう。

Ｉ　ＣＡの仕事

　ＣＡの仕事は大きく二つに分けられます。保安要員であることと接客要員
です。また、セールス要員としての役割も担っています。

ＣＡの仕事の流れ

● 出勤
  ▼
● 情報の収集・必要物品の用意（通達事項やフライトに必要な情報を確認）

● フライト前の客室担当者ブリーフィング（チーフパーサーを中心に緊急時の安全に関する
  ことやサービスに関する打ち合わせ）
  ▼
● 運航乗務員とのブリーフィング（機長を中心にフライト概要や緊急時の職務確認等）
  ▼
● ［機内にて］プリフライトチェック（旅客搭乗前に安全に関するチェックとサービスに
  関するチェックを行う）
  ▼
● 地上係員とのブリーフィング（旅客人数、配慮が必要な旅客確認、出発時刻確認等）
  ▼
● 搭乗案内［ドア付近で旅客の出迎え］
  ▼
● ドアクローズ〜離陸（離陸に向けて荷物や全体の安全確認）
  ▼
● 機内サービス（ベルト着用サイン消灯後、飲み物やミールサービス・機内販売）
  ▼
● 着陸・ドアオープン（着陸態勢に入る前にかたづけ、最終安全チェック）
  ▼
● 旅客降機完了後チェック（旅客全員降機の後、忘れ物、不審物をチェックし、その後ＣＡも
  降機）
  ▼
● デ・ブリーフィング（乗務終了後、フライトの状況を振り返り、旅客からの意見や要望などの
  報告）

① 保安要員として

［1］ 航空機事故を未然に防ぐ

異常音・異臭・煙など常に注意を払います。

［2］ 機内での暴力・迷惑行為に毅然とした態度で対応する

　ＣＡは入社後約２カ月間の訓練を受けます。机上での勉強と非常に厳しい実技訓練です。人の命を預かっているからにほかなりませんが、訓練を通して、お客様に安心感を与えることや、大きな声を出してお客様を誘導することなど、どんな状況でも焦らず冷静に対処できるようになっていきます。

［3］ 機内でファーストエイド（応急処置）の役目も担う

　ＡＥＤ（自動体外式除細動器）はいつでも使用できるように訓練を受けています。機内で突然気を失って倒れる旅客がいた場合なども、ファーストエイドの訓練にしたがって処置を行います。また、状況に応じて、医療関係者が乗客にいるかどうかのアナウンスをかけます。

② 接客要員として

［1］ 接客業務の基本―徹底した第一印象の良さ

接客要員としてのＣＡには、次のような要素が必要とされます。
- 清潔感（髪型、化粧、靴、姿勢、歩き方・座り方を含めた所作）、明るい表情、制服の着こなし
- 言葉遣い、声の通りの良さ、ハキハキと明るい会話、早口にならない

［2］ おもてなしの心で接する―日本文化の伝達者

　ＣＡは機内でお客様におもてなしの心を大切に行動しています。
　そのために常にお客様の状態がどのようであるか、五感を働かせて観察しています。例えばお薬を服用される方にはそっと白湯をと、心配りを欠かさないおもてなしで、リピーター確保につなげています。

［3］ ＣＡはセールス要員としての役割も

機内販売

国内線・国際線共に機内販売が実施されており、クレジットカードや電子マネーなど、キャッシュレス決済の取り扱いがある航空会社もあります。
離着陸前に物品の在庫確認や売上確認を行います。

顧客獲得に向けての役割

ＣＡのきめ細やかな対応、態度や表情を見ただけで相手の状況を察する観察力を発揮することで顧客獲得の役割を果たしています。また旅客の要望の声などから、次のサービスにつなげていく役割も担っています。各航空会社が厳しい競争にさらされる中、フルサービスキャリア（ＦＳＣ）であるＡＮＡ・ＪＡＬは顧客獲得のため、最前線のＣＡの接客レベル向上に力を入れています。

まとめ

顧客獲得ができる人財として、次のような要素が必要とされます

- 旅客との会話が楽しめるように、自ら向上心を持って知識や情報を蓄えようとする。
- ニュースにくまなく目を通すなどして、世の中の動きや企業情報にも詳しい。
- 自らサービスに工夫ができる。
- 旅客１人１人を観察し、個々に応じたサービスや会話ができる。
- ただ単にＣＡをサービス要員と捉えるのではなく、会社や旅客のために何ができるかを考え、常に先見性を持って行動する。
- こうすれば先がどうなるといった想像力、危機管理意識を常に持ちながら物事を見る。

［3］ 新型コロナによって生まれた新たな配置

　新型コロナによって便数が激減して以降、2021年度にはさまざまな企業・団体に１年間の出向をしたＣＡがいます。ＪＡＬでは約3,000人（2022年7月19日付け日本経済新聞より）、ＡＮＡで1,600人（2022年2月号文藝春秋より）が出向しました。出向先はさまざまですが、この経験値によりＪＡＬやＡＮＡの人財として活躍できたことで、コロナが収束しても今後も出向を継続していくこともあるでしょう。また他部署への配属もあるかもしれません。
　つまり100％ＣＡの仕事をするかどうか分からない時代へ突入したと考え、物事をより柔軟に捉えてプラス思考で行動できることも、これからのＣＡには求められています。

| 質問 | ＣＡの仕事について、調べて書き出してみましょう。 |

① 保安要員として、どのようなことをするのでしょう。

② 接客要員として、どのようなことをするのでしょう。

③ ＣＡの仕事の大変さはどのようなものだと思いますか。

④ ＣＡの仕事の面白さはどんなところだと思いますか。

⑤ 接客業務の基本のうち、あなたが一番得意とする要素は何ですか。自分の特徴を
しっかり把握して具体的に書いてみましょう。

⑥ あなたなら、どのように顧客獲得していきますか。

⑦ 他部署や他企業への仕事を勧められてもやっていけますか。その根拠は？

考えるヒント ●●

① P65 参照
② P65 〜 66 参照
③ 1. 保安要員として旅客の命を預かっている
　　2. イレギュラー対応（急病人への対応など）
　　3. 空を飛ぶことからの健康管理、腰痛から自分を守ること
　　4. 時差、時間の早い出勤、また海外での泊りや行動などの自己管理
　　5. ストレスの多い職場とも言えるため、ON と OFF をきっちり分けて余暇を楽しむようにすること
④ 1. 旅客の快適性（温度、清潔さ、明るさ等）を維持するための工夫
　　2. 旅客にホスピタリティを発揮することで自ら仕事を楽しめる
　　3. 海外での買い物や観光、その土地の食事を楽しむ
　　4. 知識をつけたり資格取得したりして旅客との会話に生かす
⑤ 今まで経験したことのない仕事を自ら進んで担当することで、自身の能力領域を広げる
　　→そこで得た成長をＣＡ職や会社の新しい分野への拡大につなげる
⑥ 心地よい空間を提供するためには、機内での乗客を細やかに観察し状態を想像する
⑦ どのような環境であってもそれを前向きに捉えられる「自律」が求められている

2　GSの仕事

　ＧＳの仕事は、多岐にわたっています。チェックイン業務から到着業務の中で、パソコン操作や無線機、タブレットを使って仲間と連絡を取り合い、フライト前は分刻みの行動をしています。

ＧＳの仕事の流れ

［1］出発業務

▼出勤

▼フライトの準備（翌日・当日）

フライトの機材、予約数の確認、特別サービス対象旅客の確認、担当者・関係部署・到着地への引き継ぎ情報の作成、座席の調整、ミールオーダー（国際線）、フライトの設定（注1）、団体の確認と座席指定、事前チェックインなど。

　（注1）航空会社によって部署・名称が違う場合があります。

▼チェックイン・案内業務

国際線の場合は出入国に関わる書類（パスポート・ビザなど）の確認。搭乗者のさまざまな情報入力。（万が一書類に不備があると旅客の入国不可につながることがある。その場合は、旅客の強制送還と同時に、その国へ航空会社が罰金を支払わなければならない）

▼手荷物の受託

預託荷物の種々の確認後、行先空港のタグづけ、無料手荷物許容量超過やペットなどの料金を徴収、最終目的地までのスルーチェックインの可否確認など。

▼出発ゲート準備

ゲート担当者は端末操作、案内板の設置、各便の情報収集と担当者間の共有、ＣＡとのブリーフィング、ゲート付近の見回り、旅客からの問い合わせ対応、ウェイティング旅客の対応、アナウンス、ドア操作（自ら行う場合あり）

▼出発コントロール業務（オペレーション）

その日の予約状況や特別サービス対象旅客等の情報の把握・調整を行い、チェックインがスムーズに行われるよう管理。

［2］到着業務

▼到着業務

当日すべての到着便の時間、旅客数、乗り継ぎ旅客状況、特別サービスの対象旅客含む役割確認

▼到着コントロール業務

到着時間ゲートの確認、遅延などのイレギュラー便の確認とそれに伴う乗り継ぎ情報の確認、旅客情報の引き継ぎなど

▼手荷物の返却

手荷物事故の発生対応など

質問	GSの仕事について、調べて書き出してみましょう。

① GSの仕事に必要な要素は何でしょうか。

② GSの仕事の魅力はどんなところだと思いますか。

③ GSの仕事の大変さはどのようなものだと思いますか。

④ あなたはどのようなGSになりたいですか。自分の特長から生かしたい自分を具体的に書いてみましょう。

考えるヒント ･･･

① 事務処理能力・時間管理・臨機応変さ・チームワーク
② 仲間と連携して、1便を安全に無事送り出した時の達成感
③ 台風・地震などの影響でフライトキャンセル時に旅客からクレームを受けることが多い。また、シフト勤務で早期出勤や夜遅くなることもある
④ GSはさまざまな業務があるため、顧客の最大満足を引き出すために、どのようなところで、自分の強みを1番発揮できるか考えておく

3　CAとGSの仕事の違いを明確にする

　職種内容をまとめ、自分らしさを最大限生かしながら働いている自分が想像できたら大丈夫。試験に向けて進むのみです。下記の項目を埋めてみましょう。

項目	CA	GS
最大使命		
接　客		
保安・安全		
求められる要素		
第一志望職種の一番魅力に感じるところ		

ココがPOINT

　CAとGSの両職種を受ける人も多いのですが、両職種の求める人財は少し異なります。例えば、GSにおいてCAと同じように考え接客ばかりをアピールするのは不十分です。もちろん大切な要素ですが、GSの仕事は多岐にわたっておりさまざまな要素が求められます。中でも事務処理能力が求められ、ほかに時間管理や機敏さも必要です。両者の違いを明確に理解しておきましょう。

あなたの目指す航空会社の色は何色？

　ＣＡを目指すあなたは、どの航空会社に入りたいのでしょう？

　2019年まで、ＡＮＡやＪＡＬではほぼ毎年500〜600名のＣＡを採用していましたが、新型コロナによって丸２年採用が中止となり、2022年にようやくＪＡＬのＣＡ採用が再開されたもののその数は100名にとどまり、ＡＮＡのＣＡ採用は見送られました。

　一方で、コロナ禍にあっても国内線の需要はあり、ソラシドエアやＡＩＲＤＯ、アイベックスエアラインズは採用を継続していました。入社前、内定者たちの嬉しそうな笑顔は飛べる幸せに満ちていました。

　2022年に採用開始した航空会社は多く、ジェイエアや新規航空会社は概ね採用を行い、外資系航空会社においても、エミレーツ航空、エティハド航空、カタール航空、そしてシンガポール航空、また、ＬＣＣも採用を活発に行い、今後さらに採用数は回復してくることでしょう。その人その人の持ち味（個性）は、性格、興味、強み、価値観などさまざまあるように、航空会社にもそれぞれの持ち味があります。その中には、あなたにぴったり合う会社があります。

　以前、テレビドラマの中で、CAGS就活シリーズの2018年版を主人公が手にして学習するというシーンを見たという教え子から、近況報告のメールがありました。彼女は国内線の航空会社で飛んで10年になるそうです。「とても楽しい」という言葉が印象的でした。

　「機内で目の前のお客様に何をして差し上げられるのかを考え、行動したいと思える」そんなあなたは、「ＣＡになって楽しい」と心から思えるでしょう。

第5章
企業研究

Section 06
会社を理解して志望動機を書く

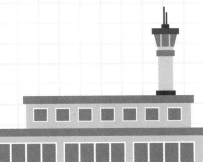

＜企業研究参考資料例＞
各社公式ホームページ、時刻表、アニュアルレポート
書籍：『ＪＡＬ再生』（日本経済出版社）、『生き方』（サンマーク出版）、
『ＡＮＡが目指すＣＳ』（生産性出版）、『どんな問題も「チーム」で解決
するＡＮＡの口癖』（ＡＮＡビジネスソリューション）
『エアラインマネジメント』（日本航空株式会社）等

会社を理解して志望動機を書く

大手航空会社は、2020年初頭から新型コロナウイルス感染症のパンデミックを経験し、いまだ完全には終息しないコロナ禍との共生時代をどのように歩もうとしているのでしょうか。

繰り返し苦難と成長を経験してきた航空業界の歴史から、未来への道筋を見ていきましょう。

I　ANA／JALに合格する戦略を立てる

❶　日本の航空の歴史を知らずして航空業界を語ることはできない

　日本の空に初めて飛行機が飛んだのはいつか知っていますか？大好きな航空会社がいつごろ作られたのか、受験する前に必ずチェックすべき事柄です。まずは日本の航空業界の歴史について記載します。ただ漫然と見るのではなく、航空会社の今に至るまでの出来事を理解しながら見ていきましょう。

【航空業界の歴史】

	航空全般	ANA	JAL
第1次大戦後 1928年	● 郵便輸送を目的とする民間航空会社誕生 ● 日本航空輸送が、東京・大阪・福岡線の定期旅客便や、朝鮮半島、旧満州行きの国際線開設		
1930年代～ 第2次世界大戦	● 飛行機はすべて日本政府の管理下。民間航空の活動は休止		
1945年 第2次世界大戦終結	● 日本は連合国のGHQの占領下。1951年まで一切の航空活動禁止。この間に、ノースウエスト航空、パン・アメリカン航空、フィリピン航空、英国航空などが日本に乗り入れ		
1951年			● 日本航空株式会社（旧会社）設立（機材・乗員はノースウエスト航空からリース、東京～大阪￥6,000　当時大卒初任給が1万円弱）

	航空全般	ANA	JAL
1952年 〜自由競争の 幕開け	● サンフランシスコ講和条約発効→日本の航空主権回復 ● 羽田空港が「東京国際空港」として返還される ● 東亜航空設立	● 日本ヘリコプター輸送株式会社 設立 航空会社乱立で大半の航空会社は赤字経営(JALは国策で安定)	● 日本航空が自主運航による国内線航空輸送事業開始
1953年		● ヘリコプターを使って営業開始 ● 東京・大阪間の貨物輸送をはじめとして営業路線拡大	● 日本航空株式会社法施行→JALは資本金20億円の半分を国が出資する特殊法人でナショナルフラッグキャリアとなる
1954年			● 国際線開設(初フライト:羽田〜ホノルル〜サンフランシスコ)
1957年		● 極東航空株式会社の合併→社名を全日本空輸株式会社(ANA)と変更	
1960年			● 初の共同運航エールフランス(東京〜パリ)
1967年	※45/47体制 日本政府が国内航空会社の事業範囲について定めた産業保護政策の通称		● 南西航空(SWAL)(現日本トランスオーシャン航空/JTA)設立
1970年	● 45/47体制※ 日本国内航空と東亜航空が合併→東亜国内航空 設立 日本の航空業界は3社に絞られる		● B-747(ジャンボ)日本に就航(JAL・太平洋路線)
1971年		● 国際線定期便運行開始(東京-香港)	
1972年	● 事業分野の住み分け(45/47体制)→日本航空:国際線と国内幹線/全日本空輸:国内幹線、ローカル線および近距離国際チャーター便/東亜国内航空:国内ローカル線と一部の国内幹線	● 東京・大阪証券取引所市場二部から一部に上場	
1975年			● 日中国交正常化に伴い、日本アジア航空株式会社設立(台湾線)
1978年	● 成田空港 開港	● 海運4社と共に日本貨物航空設立 ● B-747導入	
1983年	● 日米航空交渉により、複数の日本企業の米国本土乗り入れが可能に 日本航空界の転機		● 国際航空運送協会(IATA)統計で、旅客・貨物輸送世界一に ● 日本エアコミューター(JAC)設立

	航空全般	ANA	JAL
1985年	● 45/47体制終焉 1978年アメリカで始まった 規制緩和政策が日本に波及		● 123便御巣鷹山事故
1986年		● 東京・グアム線　国際線 定期便を運航開始	● 国内ローカル線　開設
1987年			● 完全民営化
1988年	● 東亜国内航空株式会社 が日本エアシステム(JAS) に社名変更		
1989年		● スカンジナビア航空(東京 ～ストックホルム）と初の共同 運航	
1993年		● ANA・JALがマイレージサービス開始	
1994年	● 関西国際空港　開港 ● 契約制CA　導入		
1996年	● スカイマークエアライ ンズ(現スカイマーク）設立、 北海道国際航空(現AIRDO) 設立		● ジェイエア(J－AIR) 設立
1997年	● スカイネットアジア航 空　設立(現ソラシドエア)		
1998年	● 日米航空交渉合意→ 日米間の路線や便数拡大、 共同運航が実現(航空自由 化加速)　保護から自由化へ		
1999年		● スターアライアンスに 加盟	
2000年	● 価格(航空運賃）規制撤廃		
2001年	● 米国同時多発テロ		
2002年	● 神戸航空株式会社(現ス ターフライヤー）設立		● 日本航空エアシステム の設立 →日本エアシステム(JAS 前 東亜国内航空)とJALの 経営統合のため
2004年			● 合併に伴い、日本航空 インターナショナル、日本 航空ジャパンを設立 ● 持ち株会社日本航空 システムは、株式会社日本 航空に社名変更
2007年	● ジェットスター /LCC 日本乗り入れ第１号		● ワンワールドに加盟

	航空全般	ＡＮＡ	ＪＡＬ
2010年	● 羽田空港国際線再開 ● オープンスカイ協定を米国と締結（日米間完全就航）※ ※**オープンスカイ協定** オープンスカイとは、企業数、路線及び便数に係る制限を、2国間で相互に撤廃すること	● エアニッポンネットワーク・エアネクスト・エアセントラル3社合併してＡＮＡウイングス設立	● 会社更生法の申請
2011年	● エアアジアジャパン（現バニラエア）設立	● ピーチアビエーション設立（主株主：現ＡＮＡホールディングス）	● ジェットスタージャパン設立（筆頭株主ＪＡＬ）
2012年	● "LCC元年" ● クールジャパン戦略でインバウンド旅客の拡大	● エアーニッポンを吸収合併 ● シアトル・ヤンゴンの新路線開設	● 東京証券取引場第一部に再上場 ● 通称「8.10ペーパー」※を発表 ● ブリティッシュエアウェイズとの共同事業開始 ※**8.10ペーパー** 国土交通省は、ＪＡＬの新規投資や路線開設を制限する指針「日本航空の企業再生について」を発表。8月10日に出されたため通称「8.10ペーパー」と呼ばれる
2013年	● 日本、オープンスカイ協定を26カ国と締結	● 持ち株会社制を導入しＡＮＡホールディングスとしてスタート ● ＣＡ正社員化　サンノゼ就航	
2014年	● B-747日本の航空会社から全て退役 （除く日本貨物航空）	● B777-9X 20機発注 ● バンクーバー・デュッセルドルフ就航	● フィンエアーとの共同事業開始
2016年	● スカイマーク経営破綻→ＡＮＡが支援へ ● 「バリューアライアンス」※設立 ※**バリューアライアンス** アジア太平洋地域のLCC8社による航空連合サービス	● 国際線旅客数において初めてＪＡＬを上回る ● ＡＮＡ、ＰＤエアロスペース、Ｈ．Ｉ．Ｓは宇宙機開発で合意し資本提携。宇宙輸送の事業化を進める ● プノンペン・武漢線就航	● イベリア航空との共同事業開始
2017年		● ＡＮＡＨＤ 2017年度第2四半期の連結業績が過去最高	● 「8.10ペーパー」終了 ● 旅客基幹システムを全面的に刷新 ● オープンブーム・テクノロジー社（超音速旅客機）と提携

	航空全般	ANA	JAL
2018年	● 国土交通省航空局は羽田とニューヨーク・ロサンジェルス・サンフランシスコ・ホノルル間を2020年までに1日50便の発着枠拡大へ		
2019年	● 2020年3月に実施される羽田空港の国際線発着枠配分について、国土交通省が全日本空輸へ13.5枠(便)、日本航空へ11.5枠を割り当てる方向で最終調整(2013年以来3度目)	● 成田-ホノルル間でエアバスA380(3機)を使用したFLYING HONUが就航 ● ヴァージン・オービット(人工衛星打ち上げ)との、パートナーシップ/スペースポートジャパンとも提携(ANAホールディングス)	● エアバスA350、羽田-福岡線運行開始 ● Ispace(月面探査)とコーポレートパートナー契約を締結(月面探査への挑戦をサポートすると共に、「宇宙」事業の創出) ● TBLから株式会社ZIPAIR Tokyoに社名変更
2020年	● 新型コロナウイルス感染症(COVID-19)感染拡大 ● 1月 WHOが新型コロナの緊急事態宣言を表明	● 航空旅客数は、過去の9.11やリーマンショック、東日本大震災による落ち込みを上回り、ANA、JAL共に巨額の赤字 COVID-19によるパンデミックは世界中の航空会社に打撃を与えた	
2021年	● 国内航空需要は低調。業績回復で欧米に遅れる	● グループ外出向の拡大等、事業構造の改革が進む ● 国際航空貨物は売上増加	
	※SAF 「Sustainable Aviation Fuel」。「持続可能な航空燃料」。二酸化炭素の排出量を大幅に削減できる次世代の航空燃料		● 春秋航空日本(現スプリング・ジャパン)を連結子会社化
2022年	● 代替航空燃料国産SAF※の普及をめざす「ACT FOR SKY」の設立 脱炭素社会を目指す ● ロシアのウクライナへの軍事侵攻の影響で、欠航や迂回ルートをとる ● 10月 日本政府のコロナでの水際対策緩和により、1日当たり入国者数の上限撤廃	● 一部の便をANAからピーチに移管 ● 4〜6月期決算では、AANAホールディングスは3年ぶりに黒字転換 ● エアバスA380の成田ーホノルル、2年4カ月ぶりに再開 ● 自動チェックイン機を、スマートフォンの専用アプリでの手続きに移行	● 羽田-韓国金浦空港、2年3カ月ぶりに再開 ● KDDIとドローンのインフラ化で協業 ● 4〜9月の連結決算が、3年ぶりの黒字
● 続く出来事を書いていきましょう			

❷ 航空業界の歴史が教えるもの

日本の航空業界の歴史は、ＡＮＡやＪＡＬの歴史そのものでもあります。
与えられた両航空会社の運命が、それぞれの気質を作ってきました。

ＡＮＡ史　勉強のポイント	ＪＡＬ史　勉強のポイント
● 民間航空会社として現在まで運航 ● 1985年まで定期便は国内線のみ ● 2016年、国際線旅客数において初めてＪＡＬを上回る	● 設立当初〜 1987年まで、半官半民の航空会社 ● 1985年　御巣鷹山事故 ● 2010年更生法申請⇒日本航空株式会社 ● 新生ＪＡＬへ

　上記内容を中心に会社の歴史を見ていけば、それぞれの会社の特徴が
つかめます。関連本なども早いうちに読んでおくと、企業研究がしっかり
できるでしょう。

世界のエアライン さまざまなランキング受賞（2022年発表分）

●スカイトラックス社　Skytrax World Airline Awards 2022

１位 カタール航空	２位　シンガポール航空	３位　エミレーツ航空
４位　全日本空輸（ANA）	５位　カンタス航空	６位　日本航空（JAL）

●エアライン・レイティングス社2022年の世界のベスト航空会社ランキング

１位　カタール航空	２位　ニュージーランド航空	３位　エティハド航空
10位　全日本空輸（ANA）	13位　日本航空（JAL）	

●エイビーロードリサーチセンター（日本）国際線エアライン満足度調査 2022

【総合満足度ランキング】

１位　全日本空輸（ＡＮＡ）
１位　日本航空（ＪＡＬ）
３位　シンガポール航空
４位　キャセイパシフィック航空
５位　ＫＬＭオランダ航空

> ＜総合満足度＞2007年調査開始以来、
> 日系２社の同時１位獲得は初。
> 部門別満足度でも、ＡＮＡ、ＪＡＬが
> ３冠を獲得

●エアライン・パッセンジャー・エクスペリエンス・アソシエーション（APEX）

【WORLD CLASS 認定2022】

・日本航空（JAL）　・エミレーツ航空　・ＫＬＭオランダ航空　・カタール航空
・サウディア　・シンガポール航空　・トルコ航空　・厦門航空

③ 入りたい航空会社の概要を調べる

　航空業界の歴史を見てきたら、次は2大企業を筆頭に第1志望の航空会社を調べていきます。まず初めにすることは概要調べです。

質問		各社のホームページや参考資料を見て、空欄を埋めていきましょう。	
		ＡＮＡ	ＪＡＬ
設立年月日			
日本語正式名			
英語名			
3レター／2レター			
社長名			
資本金			
営業利益			
最近の受賞歴			
従業員数			
ＣＡ数			
保有機材			
就航地	国内線		
	国際線		

※ＧＳ数は希望する航空会社ごとに調べてみましょう。

❹ ＡＮＡ／ＪＡＬの経営（企業）理念や社員の行動指針を理解する

「あなたは、なぜうちの会社に入りたいの？」

どの会社も一番知りたいのは「志望動機」と「あなたはどんな人？」です。

❸では各社の概要を調べましたが、次に、具体的にＡＮＡやＪＡＬがどのような会社なのかを調べていきます。企業研究の方法は、自己分析と同様、「問い」から深めていきます。

「なぜこの言葉を理念にしているんだろう？」「どのように活動しているのかな？」など、会社の理念や活動について「問い」を立て、その答えを見つけるために調べ、そして理解していきます。

5

企業研究

ココが POINT

企業を理解するのも、「なぜ？」「どのように？」が大切！

気になるポイントを書き出しておきましょう

⑤ ＡＮＡの研究

　ＡＮＡ公式サイトや参考資料、日本の航空業界の歴史（P74〜78）を見て調べていきます。例えば次のような「問い」を立てて答えを見つけていきます。

［１］経営理念について調べる

	[経営理念] 安心と信頼を基礎に、世界をつなぐ心の翼で夢にあふれる未来に貢献します
問い	ＡＮＡの経営理念はどのような考えや思いから作られたのだろう？
答え	
問い	その理念はどのように実行されているのかな？
答え	

[行動指針] ANA's Way	
問い	チームスピリットとあるが、どういうところからチーム力を大事にしているのが分かるかな？
答え	
問い	なぜ努力と挑戦を大事にしているのだろう？
答え	
問い	どの部分が自分の価値観と合うかな？
答え	

6 JALの研究

　ＪＡＬ企業サイトや参考資料、日本の航空業界の歴史（P74 ～ 78）を見て調べていきます。例えば次のような「問い」を立てて答えを見つけていきます。

[1] 企業理念について調べる

	【企業理念】 **ＪＡＬグループは、全社員の物心両面の幸福を追求し、** **一、お客さまに最高のサービスを提供します。** **一、企業価値を高め、社会の進歩発展に貢献します。**	
問い	社員の物心両面の幸福を追求し……なぜこの言葉が最初に来るのだろう？	
答え		
問い	その理念はどのように実行されているのかな？	
答え		

問い	ＪＡＬの言う最高のサービスとは何だろう？
答え	

問い	社会の進歩発展にどのように貢献しているのだろう？
答え	

［2］行動指針について調べる

	【行動指針】 ＪＡＬフィロソフィ
問い	なぜフィロソフィが必要なのだろう？
答え	
問い	ＪＡＬフィロソフィの中で、私の考えと合うのはどの言葉だろう？
答え	

❼ 企業を比較する

それぞれの企業の強みと弱みを比較しながら調べていきます。

	ANA	JAL
強み		
弱み		

8 航空会社の描く未来を考える

それぞれの会社が、未来をどのように描いているのかを考えます。

	ANA	JAL
問い	今後、何に、どのように力を入れていきたいと考えているんだろう？	
答え		

9 あなたと会社の接点について考える

それぞれの会社の理念や指針などから、あなたとの接点について考えてみます。

	ANA	JAL
問い	あなたと会社、価値観などの共通点は何かな？	
答え		

2 「志望動機」を書く

　職種や業界、会社を理解した上で、「志望動機」を書いていきます。就職活動で、「志望動機」は「自己ＰＲ」と共に重要な質問項目です。

　では、何をどのように書けばよいのでしょうか。一つずつ整理しながら、まとめていきましょう。

---

① **どこよりもこの航空会社が良いのはなぜ？**

---

② **この仕事を目指すきっかけは何？**

次に、ＣＡ・ＧＳとなって何がしたいのかを考えます。

どのようなテーマ（仕事を通して表現したいこと）を持って、その仕事に取り組んでいきたいのかを考えていきます。

---

③ **テーマ**（仕事を通して表現したいこと・ものについて）

④ **その理由・根拠**（具体的なエピソードや体験、培ったこと、強みなどから書く）

⑤ **仕事を通じて、会社に、人にどう貢献していきたいのか。**

では、この項目の集大成として、①〜⑤をベースに志望動機としてまとめていきましょう。

【志望動機の書き方】

二つのポイントを入れて 300 から 400 字でまとめます

    ポイント1　なぜ、その会社が良いのか（魅力は何？）
    ポイント2　その会社で、自分のどのようなところを生かして、どのようなＣＡ・
    　　　　　　ＧＳになりたいか

質問	志望動機を書いてみましょう。(300 〜 400 字で)

ココが **POINT**

何度も書いて、文を練り、先輩や友人に読んでもらい内容を
充実させていきましょう。

第6章
１次試験突破のカギ

エントリーシート (ES) の書き方

Ⅰ次試験を突破し、面接に進むためにES選考は重要です。
まずは、その対策を立て取り組むことがカギとなります
具体例を挙げながら詳しく解説していきます。

Ⅰ　エントリーシート (ES) の書き方

1　ESの重要な部分

　各航空会社のESに沿って作成し提出します。たった1枚のESで、次の面接に進めるかどうかが決まる重要なシートです。

[1] 証明写真の選び方：好印象の写真を撮る

　あなたが採用担当者なら、一番最初にESや履歴書のどこを見ますか？

　写真があれば、まず「どんな人かな？」と無意識に見るでしょう。それが好印象であれば、意欲的に文章を読んでもらえる可能性が高いです。

　証明写真が1次試験突破に大きな効力を持っていると言っても過言ではないでしょう。納得のいく好印象の写真を撮りましょう。

[2] 英語力：ESの段階で高得点を記入できるように早めから準備

　英語力については、TOEICの点数が低く各社募集要項の点数ギリギリでも、その数字だけで落とされることはありません。しかし、そのまま内定まで進むことは非常に難しいと言えます。募集要項に600点以上とあっても、それはあくまで最低点です（募集要項に記載していない場合もあります）。自信を持って試験に臨むためには、更に700点、800点を目指していきましょう。

　後の2次試験で点数の証明書を提出することが多く、点数がアップしたら申告できますが、ESの段階で書けたら一番良いのです。

　また、英語以外の語学資格については、アフターコロナで再び近隣のアジア諸国から多くの人たちが観光に訪れることが予測されます。

　特に2025年に行われる「大阪・関西万博」に向けて、中国語や韓国語など少しの会話ができるだけでも面接官には好印象を持たれるでしょう。

［3］「自己ＰＲ」「学生時代がんばったこと」「志望動機」は就活の根幹

　ＥＳで重要な「自己ＰＲ」「学生時代にがんばったこと（既卒者は今の仕事から得たことなど）」「志望動機」は就職活動の根幹ともいえる質問項目です。（ＥＳの記入項目はその年によって変更する可能性があります）

　これら３点を問うことで、あなたが企業にとって利益をもたらしてくれる人かどうかを判断していきます。単なるテクニックでは太刀打ちできません。

　第３章で自分に問いながら自己分析をまとめたように、ＥＳの質問項目に考えをまとめて記入していきましょう。

② 自己ＰＲを書く〜学生時代にがんばったことを例に

　自己ＰＲにもなる、「学生時代にがんばったこと」について、例を参考に作成してみましょう。その際には、第３章自己分析で行った「自分の人生の振り返りまとめ」（P61）を活用できます。

　過去のＪＡＬのＣＡ職のＥＳでは、【「なぜ、力を注いだのか（理由）」「何を目指し、どのように挑戦したのか（目標・行動）」「何を実現したのか、そこから何を得たのか（結果）」】の順で記入してくださいと出題されました。

　この出題例を参考にまとめてみましょう。

書き方のまとめ

5段階で具体的に書く

①結論　…………　何を一番がんばったか
②理由 or 状況　……　状況からその時の課題や問題、目標を説明
③行動　…………　②からどのように考え行動したか
④結果　…………　結果はどのようになったか
⑤学び　…………　その経験からどのように成長したか、何を得たか

ココがPOINT

【学生時代がんばったこと】では、その経験をすることによって、あなたがどのように変化し、成長を遂げたかという点を伝えることがポイントです。
どんなときにどのようにがんばり、達成感を覚えることができたのか、問題が起きたときどう対処したのか、得たことや学んだことなど実体験を整理して記入してみましょう。

学生時代にがんばったこと

下記に例を挙げてみました。書き方のポイントを参考にして書いてみましょう。
(300 ～ 400 字)

　　私はアルバイトで種類豊富なコーヒーの魅力を伝えるために仲間と共に行動をおこしました。

　　入り際に、大半のお客様は香り立つコーヒー棚に目を向けながらもブレンドを頼まれることから、他の種類の良さを伝える工夫が必要だと気づきました。そこで「コーヒーをもっと身近に」をテーマに、コーヒー紹介の額作りを店長の承諾を得て始めました。空き時間を見つけては仲間と話し合い、会えない仲間にはノートに進捗状況を書いて協力を依頼しました。しかし各コーヒーの味やコクの表現を豊富にするためにスタッフ５人が試飲するのに予想以上に時間を要し、また最低の値段で物品を揃える事等、途中何度も挫折しそうになりました。２か月後、漸く完成したその額を見て、「コーヒー美味しそうだね」と様々なコーヒーを注文して下さる常連客が増え、売り上げも徐々にアップしました。

　　仲間との協働から工夫や行動が生まれ、より良いものの実現が可能だと実感しました。

(398 文字)

ポイント

冒頭は、一番知ってもらいたい・伝えたいこと（結論）で書き出す

ポイント

課題・問題に対してどのように取り組んだかを具体的に書く

ポイント

まとめは、最初に書いた結論と同じ内容になるように

ココが POINT

題材に悩む人は、今一度自己分析を見直し、これまでにがんばったことを思い出しましょう。

質問	学生時代にがんばったことについて書いてみましょう。

左頁の例とポイントを参考に書いてみましょう。

まとめ

５Ｗ２Ｈを使う

「When（いつ）・Where（どこで）・Who（誰が）・What（何を）・How many/ How much/How long（どのくらい）・Why（それはなぜ）」を使って具体的に書き起こしていきましょう。

主語は「私」

「私」がその中で、何を考え、どう行動をしていたかという点を意識しましょう。
採用担当者が聞きたいのは、あなた自身のことです。

③ ＥＳの内容は面接で深掘りされる

　面接では、ＥＳに記載した内容をもとに、繰り返し深掘りされます。
　例えば、Ｐ96のＥＳ「学生時代にがんばったこと」から、次のような会話
が何度も続くことがあります。

Q：仲間に協力を依頼したと書いていますが、皆納得してくれたの？

　　（例）：皆さん協力的でしたが、試飲コーヒーを選定して、全種類を皆で
　　　　　飲むことが大変でした。お店が忙しい時も多く、なかなか飲んで
　　　　　もらえない時は本当に心が折れそうになりました。

Q：大学勉強もあるのによくできたね。

　　（例）：はい、テスト期間と重なり大変な思いをすることもありました。
　　　　　ですが、もともとお店の雰囲気が好きで、また働く仲間は仲良く
　　　　　楽しんで仕事をする人が多かったので、とても助けられました。

ココがPOINT

> 次頁のように、一度書いたＥＳをもとに自らＱ＆Ａを想定して
> みましょう。そうしてブラッシュアップし、充実した内容のＥＳを
> 提出することができます。
> また、Ｑ＆Ａを練習すれば落ち着いて面接に臨めます。

④ ＥＳに自らＱ＆Ａを想定し内容をブラッシュアップ

　Ｐ96のＥＳ「学生時代にがんばったこと」からは、以下のような質問を立ててみました。その答えを考えることで、一度書いたＥＳ内容の過不足も見えてきます。Ｑ＆Ａを想定し内容をブラッシュアップしていきましょう。

「高校や大学でのアルバイトにおいてチームワークを培った」から

- アルバイトではチームワークはどうだったの？
- アルバイト先で店長（リーダー）のチームワークの考え方は？
- ○○のＣＡ・ＧＳとしてそれをどう生かせるか？

「ボランティアで皆と団結してがんばった」から

- チームで動くとき、どうやってメンバーを同じ方向に向かせたのか？
- チームのモチベーションを上げるために何をしたのか？

「志望動機」から

- 航空業界には多くの業種があるが、なぜＣＡ・ＧＳが第１志望？
- ○○社のＣＡ・ＧＳにどんなイメージを持っている？
- なぜ、ＣＡではなく、ＧＳなのか？
- ○○社の説明会で感じたことは？
- ○○社と○○社の違いは？

「ＣＡとなって社会貢献したい」から

- どのように社会貢献したいの？
- 別に弊社でなくてもその貢献ができるのでは？

「趣味・映画」から

- どんな映画が好き？
- 映画から学ぶことはありますか？

「特技・人の顔を覚えること」から

- どれくらいの時間で覚えるの？　どのように特徴を覚えていくの？

⑤ ANA CA職　ESと記入ポイント (2019年)

提出前に各項目を書き出して、誤字脱字、内容を確認しておきましょう。

写真 写真は明るい表情で！清潔感を第一に。	ID	123456		生年月日	○○○○年○月○日〔満○○歳〕
	フリガナ	○○○○○	連絡先	○○○-○○○○-○○○○
	氏名	○○○○○		
	現住所	〒○○○-○○○○ ○○県○○市○○町１丁目2-3	第一印象を良く！字の癖は目立つので丁寧に。年月日などの確認を。提出前に多くの人に見てもらうこと。	

学　歴	学校名	学部学科	入学・編入年月	卒業年月
学歴特記事項				

語学力	英語	〔TOEIC〕 ○○○点 〔種類〕公開テスト 〔取得〕　　年　月	〔GTEC〕 ○○○点 〔種類〕 〔取得〕	〔その他〕 TOEFL ○○○点 〔取得〕	その他語学	語学名 レベル 取得	語学名 レベル 取得

海外経験（居住、留学など半年以上に亘るもの）※旅行は除きます

国名	期間	目的	国名	期間	目的
カナダ	20○○年○月 ～20○○年○月	英語力向上のための留学			

ゼミ・論文テーマ	ゼミは開講されていませんが、特に異文化論に力を注ぎ、文化・宗教の違いの理解に努めました。		
部活動・サークル　役割	高校	バレーボール部　副部長	大学	バレーボールサークル　会計
保有資格	IATAディプロマ（国際航空貨物取扱士）	趣味・特技	〔趣味〕ランニング：フルマラソン出場に向けて猛練習中です。 〔特技〕体が柔らかく、開脚180度、立位体前屈が得意です。

履歴部分（青枠内）はウェブエントリー時点での入力を後から変更できない。そのため、慎重に正確な情報を入力すること。

■あなたがANAの客室乗務職を志望する理由を記入してください。(150字以内)

ANAの大好きなところ、共感できるところとその理由を書く。また、大好きなANAでどのような自分を生かし、「どんなCAになりたいか」が読み手にイメージできるように表現することがポイント。「志望動機」を書く（P89）でまとめた内容を、さらに短くまとめてみよう。

■将来の姿について想像したときに、あなたは人としてどうありたいですか。(200字以内)
※ANA客室乗務職としてのキャリアビジョンではなく、大切にしたい考え方や価値観を記入してください。

200字という制限の中では、簡潔にまとめることが大切。冒頭に「○○な人でありたい」から書き始め、次に、その理由を論拠となるエピソードを入れてまとめて、相手を説得する。エピソードは読み手が状況を頭に描けるように分かりやすく書くこと。

［1］ 過去のＥＳの設問も練習しましょう

● 今のあなたが形成される過程でもっとも影響を受けたこと（受けていること）と、そのことについて事実を簡潔に説明。それらを通して形成されたあなたの内面について、どのように影響を受けたか、何を感じたかなどを踏まえ、記入（540字）。

● あなたがこれまでにもっとも考えて決めたことや答えを出したことは？ ①題名を書く（60字まで）②概要を記入（180字まで）③大切にした考えは何か、どのような観点を持ち、どのように考えたのかを記入（300字まで）。

● あなたのキャラクター、これまで努力・挑戦してきたことを交えてあなた自身について教えて。

● あなたの強みをＡＮＡの客室乗務職としてどのように生かせるか。

● あなたが考えるＡＮＡ社員に必要な要素は何か。それを踏まえて入社後どのように行動するか。

● 将来どのような人でありたいか。また、ＡＮＡの客室乗務職として働くことを通してあなたのなりたい姿に近づいていけると思う点があれば教えて。

● あなたがこれまでに真剣に取り組んできたこと。成功失敗は問いません。そのとき、大事にした考え方もあわせて教えて。

［2］ 提出後は面接準備。面接官の視点でＥＳ内容の深掘りを

面接試験の際、ＥＳをもとに多くの質問が出されます。

提出したらそれで終わりではなく、面接官の視点で内容を見直し、記述内容に対し、何をどのように聞きたくなるのか、相手から質問が出そうな点を書き出してまとめておきましょう。

面接での基本は、どんな内容についても明るく話すことが大切です。

そのためには、一見苦労と思えることでも、明るく話せる内容か、そこまで吟味してＥＳに書くのも良いでしょう。そうすることで会話力も身に付きます。

⑥ JAL CA職　ESと記入ポイント（2022年）

提出前に各項目を書き出して、誤字脱字、内容を確認しておきましょう。

写真貼付 40×30mm 上半身・正面・無帽3ヶ月 以内に撮影のもの写真裏面に 氏名・IDを記入 カラーのみ **写真は明るい表情で！** **清潔感を第一に。**	フリガナ	○○○○ ○○○		ID No.	123456
	氏名	○○○　　○○○		生年月日	○○○○年○月○日
	現住所	〒○○○‐○○　　　○○県○○市○○町1‐2‐3			
ゼミ・研究室	テーマ・概要	グローバル経済が及ぼす効果と影響			
部活動・サークル	内容	ダンスサークル		役割	会計
趣味・特技	〔趣味〕日本の庭園めぐり　　〔特技〕緑茶の種類を当てること				
資格（英語）	（例）TOEIC　　　　　　　　　　　　　　点数：級　（例）750				
その他外国語	（例）新HSK4級　　（検定・資格などあれば記入）				
海外留学・居住経験	年　　月 〜　年　　月	国名	○○○○○○	概要	語学留学
【留学生・教育実習生】 受験希望	※新卒試験では、〔留学生・教育実習生枠〕が設けられている				

「人との繋がりの中で幸せを感じた瞬間」を教えて下さい。（300文字以内）

> ①一番言いたいことをまず先に述べましょう →②その理由を述べます →③そのために
> どのように行動したのか（ここが一番ポイントですから具体的に、エピソードを用いて、読み手が
> まるでその場にいたかのように感じてもらえるよう書くこと）→④結果とそこから何を得たのか。
> P95〜97の「学生時代がんばったこと」の書き方を参照しながら書いてみましょう！

何かにチャレンジする時に、あなたが大切にしていることを教えて下さい。（300文字以内）

> こちらも上記と同じです。
> ①一番言いたいことをまず先に述べましょう →②その理由を述べます →③チャレンジ
> した内容（「大切にしていること」と合致していることが重要）→④そのチャレンジから得た結
> 果や大切にしていることを将来どのように生かしていくか、など。

［1］ 過去のＥＳの設問も練習しましょう！

- 仕事をする上であなたが大切だと思うこと。
- 自分が今までに受けた「最高のサービス」とはどのようなものか。その理由と共に記入。
- あなたが最も大切にしていることは何か？ その理由と共に記入。
- あなたがＪＡＬを志望した理由を最大三つあげる。それらの理由を踏まえ、ＪＡＬで何を実現したいのかを具体的に記入。
- あなたがＪＡＬの客室乗務職を志望した理由と、ＪＡＬが「世界一お客様に選ばれ愛される会社」になるために、ＪＡＬで実現したいこと。
- 夢をかたちにするために、あなたが大切だと思うこと。また、日々実践していることを理由と共に記入。
- あなたが特に力を注いで取り組んできたことを三つ（A・B・C）あげてください。これらA・B・Cのうち一つを選択し、「なぜ力を注いだのか（理由）」「何を目指し、どのように挑戦したのか（目標・行動）」「何を実現したのか、そこから何を学んだのか（結果）」の順で記入してください。
- あなたが困難に直面した際に、どのように考え、行動し、乗り越えましたか。これまでの経験をもとに具体的に記入してください。

MEMO

企業研究と自己分析を何度も振り返る

　ＪＡＬのＥＳは2022年に実施された内容です。今回は2021年卒〜23年卒までを含んだため、新卒によくある「学生時代がんばったこと」の質問はなし。しかし今回の質問はより深く、日頃からいろいろな行動に意味を見出しているか問われています。どのような内容でも書けるように、企業研究と自己分析を何度も振り返りましょう。

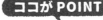
ココがPOINT

　ＥＳ作成や面接の際には、ＣＡという省略用語を使うことは避け、客室乗務員と表現しましょう。略語を使うと文章も会話もカジュアルになってしまいます。

7 他社 CA職 ESの設問 (2016 ～ 22 年)

どのような内容の設問であっても書けるように、企業研究と自己分析を何度も振り返りましょう。

ＡＮＡウイングス (～ 2019 年)

- ＡＮＡウイングスの客室乗務職への志望動機（300 ～ 500 字以内）
- これまでに努力・挑戦してきたこと等を踏まえてあなた自身について教えてください（300 ～ 500 字以内）
- 趣味・特技（70 字以内）
- 10 年後にあなたはＡＮＡウイングスでどのようなことにチャレンジしていますか

ジェイエア (2022 年)

- 志望動機
- 自己ＰＲ（スナップ写真を選んだ理由と共に）

日本トランスオーシャン航空 (2022 年)

2019 年まで	2022 年試験
● ＪＴＡを志望した理由と、ＪＴＡで何がしたいか ● あなたの人生の中で印象に残る出来事と、その後のご自身の成長について ● 日々の乗務以外で会社に貢献できることを、あなたの強みを交えて ● お客様から選ばれる航空会社となるために、弊社でどのようなことに取り組みたいですか。あなたの考え、意見をお書きください	● 志望理由（300 字以下） ● 志望動機と当社における 10 年後のありたい姿（600 字以下） ● これまでの実績や成功体験を通して得たこと（600 字以下） ● 現職で大切にしていること（600 字以下）

フジドリームエアライン (2022 年)

- 学業・ゼミ・研究室など取り組んだ内容（400 字以下）
- 自己ＰＲ（400 字まで）
- 学生時代に最も打ち込んだこと（400 字以下）
- 志望動機（400 字まで）

AIRDO (2022 年)

Ａ４サイズの白紙に設問の枠があり手書きで回答
- 志望理由
- これまでの困難をどう乗り越えたか
- 「AIRDO」を選んで良かったと思っていただけるために当社でしたいことは何ですか
- コロナ禍の厳しい航空業界の状況をあなたならどう乗り越えますか

ソラシドエア (2021～22年)

2021年試験
- ソラシドエアの志望動機
- 学生時代に一番努力したことや誇れること
- あなたが考える、ソラシドエアらしさとは
- 将来どのようなCAになりたいか

2022年試験
- 志望理由（300字以下）
- CAのあるべき姿（300字以下）
- 一番の困難と、乗り越えるために取った行動（300字以下）
- 自己PR（100字）

スカイマーク (～2019年)

- 自己PR（300字以内）
- 10年後どのような立場でどのような仕事をしていますか
- 学生時代がんばったこと
- 新生スカイマークのためにできること
- スカイマークをどのような会社にしたいか
- 満席の機内で子供が泣いています。CAとしてどのように対応しますか
- 安心・快適なフライトを提供するために必要なこと（300字以内）
- なぜCAか

スターフライヤー (～2019年)

- 志望理由、入社後取り組みたいこと
- 機内で、コアとなるスターフライヤーファンをどのように増やすか、どのような年齢・性別のファンを増やそうとしているか
- 機内で行える期待を超えるおもてなしとは
- 力を注いだこと
- スターフライヤー「らしさ」実現のために、スターフライヤーのCAとして新しくしたいサービス
- 一番好きな「自分」を表現している写真を添付し、自己PRを記入
- 学生時代に最も打ち込んだことの写真を添付し、具体的に教えてください
- 個人の成長が会社の成長につながります。入社後どのようなキャリアビジョンを描きますか
- 「スターフライヤーらしさ」でお客様に選ばれ続けるためには、どのような新しいサービスを考えますか

GS職 ESの設問 (2022年)

どのような内容の設問であっても書けるように、企業研究と自己分析を何度
も振り返りましょう。

ＡＮＡエアポートサービス
● 志望理由（500字） ● 私は「○○○○○」です。をどんな人か一言で。とのその理由（500字） ● 書きたいテーマを決め自由記入（500字）
ＡＮＡ沖縄
● 志望動機（200 〜 400字以下） ● あなたがＰＲしたいことを文章と写真で表す（200 〜 400字以下）／ＰＲ写真 ● 学生時代仲間と共に取り組み、成果を出した経験について具体的に記述（200 〜 400字以下） ● 今後仕事を通して実現させたい夢と、その夢を実現させるためにどのように成長したいか
ＡＮＡ関西空港
● アピールできる写真と、その時に力を入れて取り組んだこと（500字以下） ● 志望理由（500字以下） ● 志望理由を踏まえ、ＡＮＡ関西空港で何を実現したいか（500字以下）
ＡＮＡ大阪空港
● この2年間社会が大きく変化した中で、あなたが課題認識を持ち取り組んだことはどのようなことですか。また、そこから得た学びを記載してください。現在在学中の方は、アルバイトのご経験以外で記載してください（500字以下） ● あなたが成長する上で大切にしたい価値観は何かを記載してください。（500字以下） ● ＡＮＡ大阪空港で働くことを通じて、将来あなたはどのように自己実現をしていきたいか。自由に記載（500字まで）
ＡＮＡ中部空港
● 志望理由と実現したいこと ● これまでの人生で自ら考え行動したエピソード（400字以下）
ＡＮＡ成田エアポートサービス
● あなたがＡＮＡ成田エアサポートサービスを志望する理由（400字以下） ● 航空機を安全かつ定時に運航するために重要だと思う要素とその理由（400字以下） ● これまでの経験で最も苦しかった出来事とそれをどう乗り越えたか（400字以下） ● あなたの強みを漢字1字で。その理由やエピソード（300字以下） ● あなたの弱みを漢字1字で。その理由やエピソード（300字以下）
ＡＮＡ千歳空港
● あなたの強みを表す写真（スナップ写真）

ANA福岡

- ＡＮＡグループの中でも、ＡＮＡ福岡空港株式会社を志望する具体的な理由（400 字以下）
- 入社後あなたの強みをどのように生かして会社に貢献するか（400 字以下）
- 上記のように考える具体的な理由を経験談を交えて記入（400 字以下）
- 自己ＰＲ動画（1 分以下）

JALスカイ

- メインベースを志望する理由
- これまでに苦労して乗り越えたこと。また乗り越えるために何をしたか
- ＪＡＬスカイで実現したいこと。実現のために必要だと思うこと

JALスカイエアポート沖縄

- リクナビより Open ES

JALスカイ大阪

- これまでの自身の経験で仲間と共に取り組み仲間のためにがんばることに、誇りと喜びを感じたエピソードを具体的に
- 入社後どんなスタッフになりたいか
- 伊丹空港の新しいＪＡＬカウンターに期待すること
- 志望動機
- 全身スナップ写真（2 枚）とその写真を選んだ理由
- 2022 年　リクナビより Open ES

Kスカイ（2019年）

- 自己ＰＲ
- 志望動機
- スナップ写真と選んだ理由

JALスカイ札幌

- リクナビより Open ES

ドリームスカイ名古屋

- 周りから見たあなたの強み・弱み（100 字以下）
- 学生時代に特に打ち込んで学習したこと（200 字以下）
- あなたが会社を選ぶ上での基準（300 字以下）
- 過去 3 年間にあなたが学業以外で取り組んだ最も印象に残る経験（困難に向き合い、乗り越え実現した経験）（400 字以下）

2　Webテスト対策は早めの準備を

　ＣＡ・ＧＳの試験は、面接重視と思いがちなところから軽視される傾向にあるのが Web テストです。

　時間を計って正確に解く練習が必要です。

　どの業種・会社でもありますから、早めに準備し、試験の１カ月前までには確実に点数を取れるようになっておきましょう。

　受検方法としてテストセンターが一般的になりつつあります。

　Web テストには性格検査と能力検査があり、それに加えて英語能力検査を実施する企業もあります。

国　　語	数　　学
四字熟語、難読漢字、同意語、語句の用法、二語の関係、文の並び替え　など	順列・組み合わせ、確率、グラフ、速度、推論、割合、損益算、仕事算、集合、表の読み取り　など

気になるポイントを書き出しておきましょう

3　動画による自己紹介のポイント

　2022年の動画採用は企業を問わず確実に増えています。2019年のＡＮＡの1次試験では「動画で1分間自己紹介をする」という課題でした。どのような内容を話せばよいのでしょう。

　動画を撮る時点で質問が分かる場合もあるので、瞬時に考えて1分程度話します。自己分析で自分のことをよく理解しておくことが重要です。

[1] 外面がチェックされる

　基本的には面接と同様、印象が大切です。明るくハキハキ、笑顔を大切に話すこと。何度も撮り直して、納得のいくものを提出しましょう。

① 清潔感……髪型や洋服から完璧に清潔感を表出します。
② 表　情……表情は明るく、元気で、楽しそうな雰囲気を出すこと。
　　　　　　誰が見ても、この人と話したい！と思ってもらうことが大切。
③ 声の質と量……聞こえやすいスピードと明るい声で明瞭に。

[2] 話す内容がチェックされる

① あなたの名前
② 自分はどのような人間か

　※②を理解してもらう内容として、自分の出身地や名前の由来を引用して話す人が多いのですが、引用したものが、今の自分の形成や価値観、行動とどうかかわっているかまで言う必要があります。また学生時代にがんばったことを話す人もいます。

[3] 時間を厳守する

　指定された時間を守ります。そのためにも自己分析で過去の出来事を文章化して書くことや、がんばったことをまとめておくと、いざという時に、すぐに話せるようになります。

ココが POINT

動画については、次頁から動画監督のオリカワシュウイチさんが、「スマホで作る自己紹介動画の方法」「失敗しないPC設定 & Zoomのコツ」で詳しく解説します。

6

1次試験突破のカギ

Section 08 スマホで作る自己紹介動画の方法

コロナ禍を経て、企業では対面とオンラインを組み合わせた【ハイブリッド面接】と言われる形式が広がってきました。ここでは、就活生のための1分間自己紹介動画の作り方について解説します。「Section09 失敗しないPC設定＆Zoomのコツ」とあわせてお読みください。

執筆：動画監督　オリカワシュウイチ

I　スマホで作る1分間自己紹介動画 (就活生向け)

就職試験でも、動画を活用する事例が増えてきました。企業が動画を使う一番のメリットは、「その人がそのまま確認できる」ことです。

ここでが、あなたの良さを、しっかりと相手に動画で伝えるための方法をお伝えしていきます。知っているだけで大きな差が出ます。

準備するもの

スマホ、三脚、スマホを三脚に接続する器具、スマホ編集アプリ（後述）

❶ 撮影場所は明るい屋内で

撮影する場所の明るさや雰囲気は、顔の印象に影響します

- 顔に（できる限り）前方から光が当たる場所を探します。晴れた日中に窓の近くが理想。蛍光灯の真下に立つのは避けます。顔の下半分にシルエットができてしまいます。
- 静かな屋内で撮影します。屋外の方が明るいから撮影に向いている、と思うかも知れませんが、光が強すぎて顔に影が出たり、余計な音が入ったりします。
- 背景は無地の白い壁がベスト。背後に、台所や衣装かけ、書籍棚などが写っていると、そちらに目が行ってしまいますので避けましょう。

❷ スマホは横向きで撮る

会社関係の人はパソコンで動画を視聴することが多いため、スマホは横向きにして撮る方が無難です。

スマホは横向きで撮る

❸ スマホの設定はデフォルトが無難

スマホカメラの初期設定は変更しない方がいいでしょう。ただし、「グリッド（画面を9分割する線）」を表示させておくと、水平などが確認しやすくなります。（機種によっては機能がついていないこともあるので、なくても構いません）

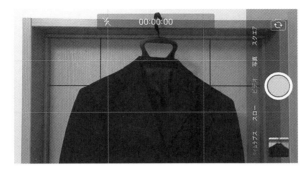

グリッド（画面を9分割する線）」を表示させておくと、
水平などが確認しやすくなる

❹ スマホの高さはアイレベルで

話すときは、カメラを目の高さ（アイレベル）に設置するのが一番無難。
映像は、アングルによって印象が変わります。

カメラはアイレベルに設置　　　カメラ位置が低いと、相手を　　　カメラ位置が高いと、相手を
　　　　　　　　　　　　　　　見下ろしてしまい尊大な感じに　　見上げて弱々しい感じに

⑤ 三脚を使う

三脚、及びスマホと三脚をつなぐ器具が必要です

これらは100円ショップでも購入可能ですが、きちんと水平が取れる、安定感がある三脚が理想です。高さがアイレベルに足りないときは、机の上に置いて撮影します。

安定感のある三脚でスマホを固定

⑥ 距離感は上半身が映るくらいがちょうどいい

カメラとの距離感は、相手との間合いです

初対面の相手にとって、あまり近すぎるのも、遠すぎるのもよくありません。
就活の場合は、上半身を撮るくらいの距離感がいいでしょう。話すようすや身振りを踏まえた雰囲気も伝えることができます。

上半身が映るくらいがちょうどいい

初対面の相手にとって、近すぎるのも
遠すぎるのもよくない

⑦ 姿勢良く話そう

一般的に、立って話す方が背筋も伸び、印象が良くなります。

ただし、相手先から「椅子に座って」という指示があった場合はそれに従います。あごを引き、視線をキョロキョロさせないように話します。

×猫背になっている　　　　　　　　○姿勢良く話そう

⑧ 音に注意！

スマホから離れるほど録音の声が小さくなり、相手は動画を見る気をなくしてしまいます。ピンマイクを使えば解決しますが、無い場合は次の3点を意識してください。

① 静かな場所で撮る
　撮影中はエアコンやストーブは消す。強い雨の日や、近くで工事がある場合も撮影向きではない。
② 声を大きく出す
③ スマホに向かって話す
　決して下を向いて話さないこと。スマホに向かって、まっすぐ、しっかりとした大きな声で話そう。

聞き取りやすい話し方を心掛けよう

下を向いて話すと録音の声が聞き取りにくくなってしまう

⑨　1人で撮影する場合はリモコンが役立つ

　1人で撮影する場合、スマホに手が届かないので録画ボタンを押すことができません。　その場合、撮影前に録画を押して、撮影場所に戻り、撮影が終わってからまた移動して録画を止めるという一連の動きまで撮れてしまいます。

　1人で撮影しなければならない場合は、下記のような回避方法があります。

[1] 編集アプリで冒頭と最後の不要な部分をカットする

編集で録画ボタンを操作する
動画はカットする

[2] スマホ用のリモコンを使って撮影する

リモコンを使えば編集せずに
すむ。スマホ用のリモコンは
100円ショップでも購入でき
る

⑩　自分の話し方や表情の癖を把握して修正しよう

　人はそれぞれ話し方や表情に特徴がありますので、きちんと把握しておきましょう。表情・話し方は練習で修正が可能です。就活や営業では、「雰囲気がいいな」「一緒に仕事をしたいな」と感じてもらうのが第一。そんな「表情」を意識してみてください。動画を撮る前に、「会うのを楽しみにしてました！」という気持ちをイメージしてから始めるといいでしょう。

　● 話し方や表情を確認し、練習で修正しよう

　　目が泳いでいないか、目力が強すぎないか、何度も瞬きをしてしまわないか
　　口角が下がっていないか、笑うとき、片頬だけ動かしていないか　など

⑪ 相手が聞き取りやすい話し方を心掛けよう

　良い話し方とは、「相手が聞きやすい」話し方です。

　まず、早口は厳禁。ついやってしまうのが、「覚えていることを忘れないうちに吐き出すように話す」こと。これが一番ダメ。必ず早口になってしまいます。

　言葉を区切りながらゆっくりと話す。全部をゆっくりにするのではなく、緩急をつけて話すといいでしょう。

【練習例】

私が普段やっていることは、	←普通に話す
小さい規模の映画制作、	←ゆっくりはっきり話す
小予算のビジネス動画制作、	←ゆっくりはっきり話す
初心者の映画制作ワークショップ、	←ゆっくりはっきり話す
です。それぞれ説明させていただきます。まず、	←普通に話す
「小さい規模の映画制作」です	←ゆっくりはっきり話す
これは・・・	←普通に話す

⑫ 自分の声の特徴を把握して修正しておこう

　落ち着いて話すときの声の高さを把握しておき、気になる点は修正しておきましょう。また、自分が発音しにくい言葉を避けるなどの練習もしておくと落ち着いて面接に臨めます。

● **声の特徴を確認し、練習で修正しよう**
　○キンキン声 ⇒ 下げる努力をする
　○くぐもっている ⇒ ゆっくりはっきり話すように気をつける
　○舌がうまく回らない ⇒ ゆっくりはっきり話すように気をつける

⑬ 相手からどう見えているかを意識しよう

　就活は、「格好良く見せる」「美しく見せる」のが目的のすべてではなく、会社の人に「雰囲気がいいな」「一緒に働きたいな」と感じてもらうのが、第一ではないでしょうか。ですから、雰囲気づくりを大事に表情にこだわりましょう。動画を撮る前に、「会うのを楽しみにしてました！」という気持ちをイメージしてから始めるといいと思います。

⑭ 簡単な動画編集ができるようになっておく

「編集」といっても、自分の目を大きく加工する、といったことではありません。皆さんがすべき編集とは、「動画の余計な部分を削って見やすくする」これに尽きます。

カット編集を軽くマスターしておくだけで十分です。

編集アプリは、iPhone なら iMovie、アンドロイドなら Filmora あたりが無料でオススメです。

- **次のような動画の余計な部分は削って見やすくする**
  - ○録画ボタンを押しに行ったり、という動作をカットする
  - ○あー、とか、うー、など余計な部分を削って見やすくする
  - ○最後、頭を下げて顔を上げて、いいところで止める

⑮ 最後に。動画制作は思いやりです

見る人が見やすいようにがんばるのが撮影であり編集作業です。

試しで撮ってみて、どう見えるか、どう聞こえるかを確かめ、本番に入る前に、練習で修正できるところは修正していくことが重要です。

相手のことを考えて丁寧に撮影することは、「丁寧に字を書く」のと同じことです。 しっかりと努力して、相手への思いやりを持って撮影すれば、大きく差が付き、やがて道は開きます。

皆さんのご健闘をお祈りしています。

ポイント

自己紹介動画やオンライン面接は、モニターに映っているあなたがすべて

対面での面接の場合、雰囲気全体が相手に伝わります。しかし、動画やオンライン面接では、モニターに映っているあなたが全てです。

Section08,09 では、モニターを通じて、あなたの良さを相手に伝える技術的な方法を載せています。ぜひ参考にしてください。

Section

09

失敗しない PC 設定 & Zoom のコツ

ここでは Section08 でお伝えしたことをベースに、オンライン
での面接やグループディスカッションで必須の「パソコン &
Zoom 設定のコツ」について解説します。

機材はパソコン、オンラインミーティングツールは、代表的な
プラットフォーム Zoom で、その他の機材は極力使わないで、
シンプルかつ効果的な方法についてまとめました。

準備するもの

マイク・カメラが搭載されているパソコン
Zoom（アプリをダウンロードして、アカウントを作成しておきます）

ご注意

Zoomはバージョンアップが頻繁に行われます。ここに掲載しているのは、2022年11月
時点での情報です。最新情報や詳細はサポートでご確認ください。
https://support.zoom.us/hc/ja

Ⅰ　Zoom への参加および退出方法

Zoom は 2 人での簡単なビデオミーティングから、数百人規模のオンライン
セミナーの開催までサポートする Web ミーティングプラットフォームです。
ここでは基本的な使い方について解説します。

❶ 招待リンクから Zoom へ参加する

主催者からメールなどで招待リンク URL が送られてきたときは、その
URL をクリックし、表示された内容に従って参加します。

パソコン版に限っては招待リンクから参加するだけなら、ブラウザだけで
利用できます。

※ただし、この方法で参加すると、ビデオプレビュー画面が表示されない
ので、自分の映り方を確認できません。

面接などの場合は、「❷ミーティング ID から参加する」がオススメ。

2 ミーティング ID から参加する

ミーティング ID とパスコードからは、次の手順で Zoom に参加します。
※多くの場合、ミーティングIDとパスコードは、主催者からの招待リンクURLと共に
メールなどで送られてきます。

① Zoom を起動し、サインイン後、「参加」をクリック。

② ミーティング ID を入力し「参加」をクリック。

③ ミーティングパスコードを入力して「参加」をクリック。

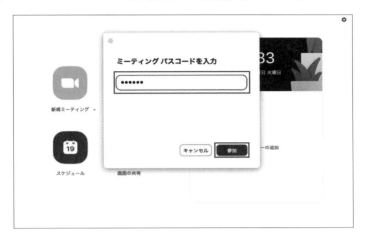

④ ビデオプレビューの画面が表示されるので、「ビデオ付きで参加」をクリック（「ビデオ付き」「ビデオなし」の参加方法は会社の指示に従ってください）。
　※ビデオプレビュー画面で、自分の映り方を確認しておこう

⑤ 「まもなくホストがミーティングへの参加を許可します」の画面が表示される。
　※下部に「スピーカーとマイクをテスト」が表示される。クリックして、テストしておこう。

⑥ ホストが許可すると、ミーティングに参加できる。

⑦ 「ミュート解除」をクリックし、自分の音声をONにしておこう。

③ Zoom からの退出方法

① ミーティングが終了し、退出するときは、画面右下の「退出」という赤いボタンをクリック。

② 「ミーティングを退出」をクリック。

2 Web ミーティングで良い印象を与える参加方法

Web ミーティングの場合は、パソコンを通じて伝わるあなたが全てです。パソコンに搭載されているカメラの位置やオーディオによって、相手に与える印象は大きく変わります。理想的な状態を作り出すための工夫を解説していきます。「Section08 スマホで作る自己紹介動画の方法」もあわせてお読みください。

① パソコンの高さを調節しよう

ノートパソコンは、そのまま机の上に置くと、どうしても搭載されているカメラの位置が低くなります。

相手にとって安定感のある高さは、あなたにとってカメラの位置が目の高さか、それよりやや下あたり。ノートパソコンの下に本などを置いて高さを調整しましょう。

デスクトップパソコンなど、パソコン側の高さを簡単に調整できない場合は、椅子の高さで調整しましょう。

カメラやオーディオが、パソコンのどこに搭載されているかを確認しておこう

パソコンスタンドを使う方法も

うまく高さが調整できなくて不安な場合は、市販のパソコンスタンドもあります。安定していて、小さく折り畳めるタイプが使いやすい。購入する際は、オンライン面接で使うパソコンのサイズに合っているかを確認しましょう。

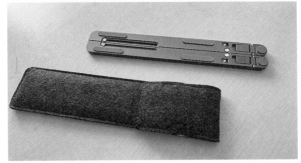

さまざまな種類がある「パソコンスタンド」。購入する際は自身のパソコンのサイズに合っているか、どこで使うか、どこに置くか、などをショップで相談しよう

② こんな映り方は避けよう

オンライン面接で避けたい映り方とその理由を解説します。

①パソコンカメラが自分の口元よりも低い位置にある

見下ろされているような印象を相手に与えてしまいます。

パソコンカメラの位置が低いと相手を
見下ろしているようになってしまう

②パソコンカメラに近づきすぎる

相手に圧迫感を与えます。資料の文字が小さいときなど、ついパソコンに顔を近づけて
しまうことがあるので注意です。

パソコンカメラに近づきすぎると圧迫
感を与えてしまう

③パソコンカメラから離れすぎる

自分の顔が小さくなり、相手には弱々しい印象を与えてしまいます。
また、首から上だけが写る「首だけアングル」も避けましょう。

ポイント

映り方のチェックは Zoom のレコーディング機能を使って

相手にどう見えているかは自分では分かりません。Zoom のレコーディング機能で
確認しましょう。→「❻ Zoom のレコーディング機能をチェックに使おう」

❸ 自分の目線を固定して話す練習をしよう

　パソコン画面を見るか、パソコンカメラを見るかで、相手にとってのあなたの目線は変わります。

　パソコン画面に映る相手の顔を見て話せば、相手からは目線がずれます。一方、パソコンカメラを見て話せば相手に目線が合いますが、今度は相手の反応を確認できず非常に話しづらくなります。

　パソコンの高さを調節し、伏し目がちにならず、かつ相手の反応も確かめられる目線を探して、面接の練習をしましょう。

　後述❻の方法で実際に自分が話す様子をレコーディングして確かめたり、友人同士で確認しあったりするのも有効です。

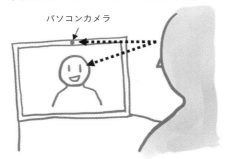

パソコンカメラ

目線を固定して話す練習
をしよう。

❹ 映る範囲を決めよう

　パソコンカメラを通して自分のどの範囲を写すかを決めます。

　一度に大勢が参加する場合は、一人一人の表示サイズが小さいため、胸から上くらいの証明写真サイズでいいでしょう。しかし、1対1や少人数のときは、証明写真サイズでは相手からは近すぎると感じられるかもしれません。

　手の動きも入る、上半身サイズが適切でしょう。

グループディスカッションなどでは、胸
から上ぐらいのサイズで映ってもよい

1対1や、少人数の面接では、上半身が
映るぐらいのサイズがよい

5 部屋のどこにパソコンを置くかは重要なポイント

　自宅から Zoom に参加する場合、どこにパソコンを置くかで、相手に与える印象は大きく変わってしまいます。「ここにしかパソコンが置けないから」という消極的な理由は避け、好印象を与える状況を作り出しましょう。

①窓に向かって座る

　窓があれば、顔に光が当たるように座ります。窓を背にして座ると逆光になって顔が暗くなってしまうため絶対にNGです。

窓を背にして座ってはいけない。逆光で
顔が暗くなってNG

②部屋の角を背後に入れない

　自分の背後に、部屋の角や天井の切れ目が入ると、相手に窮屈な印象を与えてしまいます。

部屋の角を背にして座ってはいけない。
窮屈な感じに映ってしまいNG

③背後はシンプルイズベスト

　プライベート感を避けるため、背後はできるだけシンプルにしましょう。無地の壁が理想です。映る部分は片づけましょう。
　部屋の中が映らないようにと、壁にぴったりと座る人もいますが、圧迫感が出ますし、自分の影も出てしまうので避けましょう。

6 Zoom のレコーディング機能をチェックに使おう

　ここまでの環境づくりができれば、あとは皆さんの表情や話し方にかかってきます。

　「Section08　スマホで作る自己紹介動画の方法」の**⑩**〜**⑬**が共通して使えますので必ずお読みください。

　Zoom ミーティングは、Zoom のレコーディング機能で画面を録画し何度も練習することができます。

　なお、搭載カメラやオーディオはパソコンによって異なるので、練習は必ず面接で使うパソコンで行ってください。

【使い方】
① Zoomを起動し、サインインする。
② 新規ミーティングをクリック。
③ 画面下部の 「レコーディング」をクリックし、面接の練習をする。
④ 練習が終わったら、■「レコーディングを停止」をクリック。
⑤ 右下の「終了」―「全員に対してミーティングを終了」をクリック。
⑥ Zoomを終了すると、次のような画面が表示される。

ミーティングレコーディングを変換

表示前に変換する必要のあるレコーディングがあります

0%　●

注:ファイルの変換が完了した後、ファイルの名前をデフォルトの命名規則から変更する場合は、一意のファイル名を使用することをお勧めします。　ミーティング ファイルを保存するときには「Zoom」、「Personal Meeting Room」、または「My Meeting」という語句を使

変換を停止

---

⑦ 変換が完了すると、レコーディングされたデータが保存されているパソコンの場所が開き、確認することができる。

3　機材は必要に応じて使おう

　追加機材は必須ではありません。パソコンだけではどうしても改善されない場合は、いくつかの機材が助けになります。

❶　マイクは適切な投資

　Webミーティングにおいては、相手にとって快適に聞こえることが基本のマナーです。パソコンに標準搭載のマイク性能が、あまりよくないと不安ならば、1,500円程度で構わないので外付けのマイクを用意しておくといいでしょう。

【注意点】

- ●購入するときは、面接で使うパソコンで動作するかの動作確認をする。
- ●マイクはパソコンの近くに置き、自分の口に向けて話す。
- ●Zoomの「スピーカー＆マイクをテストする」機能で確認する。
- ●Zoomのレコーディング機能で聞こえ方を練習しておく。

※Section08の「❸ 音に注意！」を必ずお読みください。

❷　照明は必須ではないが1台あると便利

　照明に興味がある人も多いと思います。窓に向かって座るだけで、顔を明るく映すことが可能ですが、安価で使いやすい照明機器もあるので、1台あると便利かもしれません。

注意点

　照明の当て方で印象も変わってしまうので、Zoomのレコーディング機能や友人同士での練習で、あて方や映り方を確認しておきましょう。

まとめ

人柄はカメラに映ります

　オンラインも対面も同じで、「相手にどんな印象を持ってもらいたいか」を意識することが大事です。Section07,08を参考に、Zoomのレコーディング機能などを活用しながら、面接練習をしてみてください。

オリカワシュウイチ　https://karufu.net/

第7章
面接試験準備

10 第一印象を磨く

面接に向けて 100%のあなたで挑む準備を整えましょう。

Ⅰ 外見を磨いて内定に近づく

❶ 良い第一印象を身に付ける

　ＣＡ・ＧＳは、会社の顔ともいうべき存在です。良い第一印象を身に付けるには、マナーを体得すると同時に、内面からも気持ちを醸成させていく必要があります。

第一印象を構成する要素

　　１.あいさつ　　　２.表情　　　３.言葉遣い　　　４.態度　　　５.身だしなみ

❷ 歩き方を美しく！ 歩き方で一段と美しくなる

① つま先は 15°程度開ける。男性は 30°程度開ける。
② ヒップを引き締める。
③ 丹田（おへそのあたり）にぐっと力を入れて、反らないように背筋を真っすぐ伸ばす。
④ 肩甲骨を寄せるようにして胸を開き、肩の高さも揃える。
⑤ 首から背骨、足までが１本の線になるように真っすぐに立つ。
　　※これがかなり重要ポイント！ 首を前に出すと猫背になります。
⑥ 顎を引いて、視線は正面になるように。
　　※壁を利用して練習しましょう！ 壁に後頭部・肩・ヒップ・ふくらはぎ・かかとをつけて立ち、背中と壁の間に手が入る隙間ができると OK

ココが POINT

良い姿勢や歩き方は、朝の通学電車の行き帰りや、授業で座っているとき、信号待ちのときなど、何気ない行動一つからすべて意識して身に付けていきましょう。

❸ あいさつの種類とお辞儀のポイント

［1］ あいさつの種類

① 15度（会釈）

　受験している会社で、社員と廊下ですれ違ったときに行う。

② 30度（敬礼）

　面接入退室のとき「失礼いたします」と言ってお辞儀。

③ 45度（最敬礼）

　面接終了時、椅子から立って、「有難うございました」と言ってお辞儀。

［2］ お辞儀のポイント

① 腰を曲げない、頭を下げない。腰だけを折る。

② 言葉を発してからお辞儀が基本（語先後礼）。

③ おなかの上あたりで両手を交差する。またはズボンの折り目に沿うように

　して、まっすぐ伸ばす（男女共通）。

　※腰あたりで両手を重ねるとプロの印象が否めません。あくまで学生らしさ

　を大切にして行いましょう。

  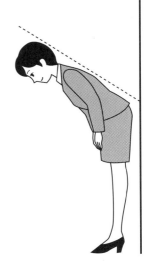

会釈（約15度）　　　　　敬礼（約30度）　　　　　最敬礼（約45度）

2　笑顔を徹底する

① あなたは笑顔が出やすいですか？　出にくいですか？

なぜCA・GSはいつも笑顔で接しているのでしょう。中に"ステキ！"と思える笑顔のプロが多いですね。そんな人に出会ったお客様の気持ちを考えてみましょう。CA・GSの一人一人が笑顔でいることで、お客様は安心感や、親近感を覚え、その航空会社をまた利用しようと無意識のうちに思います。笑顔が座席販売にもつながっています。

それほど大切な笑顔は、家族や親しい仲間だけではなく、日頃からどこでも誰の前でも常に表出できるよう努力しましょう。

笑顔でいることはあなたを幸せな気分にしてくれます。

質問	あなたは、笑顔で日々を過ごしていますか？
① なぜ、笑顔がよく出ると思いますか？	
② なぜ、CA・GSに笑顔が素敵な人が多いと思いますか？	
③ 笑顔が素敵な人になるために、さらに日頃からどうすれば良いと考えますか？	

❷ 毎日2～3回、笑顔のトレーニング方法

[1] 口角を上げるトレーニング（割り箸を使う）

① 割り箸を前歯で軽くはさみます。
② そのまま、ゆっくりと両方の口角を上げていきます。
③ 口角が上がったところで30秒キープします。
④ 割り箸をはさんだまま口角の上げ下げをくりかえして、口周りの筋肉を鍛えましょう。

[2] 表情を豊かに柔らかくする眉と目のトレーニング

眉のトレーニング

　目の周りにある眼輪筋を鍛えることで、眉を動かしやすくし、表現力をつけます。
① 人差し指を両方の眉の上にあてます。
② そのまま眉をゆっくりと上げていきます。
③ 人差し指は眉の動きを抑えるようにして、眉は人差し指を押し上げるように動かします。
④ その状態で5秒間キープします。
⑤ ゆっくりと眉を戻します。

目のトレーニング

　目元の筋肉である上眼瞼挙筋を鍛えて、余分な脂肪を取ります。
① 人差し指で眉を、親指で頬骨を押さえます。
② そのまま目をゆっくりと閉じていきます。（眉を上げるようにすると効果的）
③ 3秒間キープした後、ゆっくりと元の状態に戻します。
　　※他にも、目をギューッと閉じた後にパッと見開く動作を繰り返すのも効果的です。

ココが POINT

千里の道も一歩から…毎日の積み重ねが夢を叶えます。

3 言葉遣いを美しく

皆さんは、日頃から言葉遣いをどれくらい意識していますか？

美しい言葉遣いは、第一印象が良くなるだけでなく、ずっと話したくなる魅力の一つになります。

1 敬語を身に付けよう

【表1】敬語には、丁寧語（です・ます）・尊敬語・謙譲語がある

種類	主語	動詞〔原形〕を変える		
		（1）	（2）	（3）
尊敬語	2人称 例：あなた・鈴木様 3人称 例：あの方、そちらは	お〜になる	慣用的表現	れる・られる
謙譲語	1人称 家族・社内の人間は身内と捉えて謙譲語で話す	お〜する	慣用的表現	

【表2】丁寧な表現に変えてみましょう

① 今日		④ さっき	
② あっち		⑤ 後で	
③ こっち		⑥ 今	

【表2】解答
① （今日）本日   ② （あっち）あちら   ③ （こっち）こちら   ④ （さっき）先ほど
⑤ （後で）後ほど   ⑥ （今）ただいま、今しがた

ココが POINT

話し方をチェックして修正していくためには、自分の話し方を録音して聞き、癖を自分でつかむこと。
続けていくと修正されていくのが実感できます。

【表3】 敬語に直してみましょう

動詞原型	尊敬語	謙譲語	動詞原型	尊敬語	謙譲語
する			知 る		
行 く			思 う		
言 う			食べる		
聞 く			着 る		
見 る			会 う		

※「です、ます」のあとに「ね」や「よ」をつけない
※カタカナ語を省略しない……バイト、バスケ、バレー

【表3】解答

動詞原型	尊敬語	謙譲語（Ⅰ・Ⅱ）	動詞原型	尊敬語	謙譲語（Ⅰ・Ⅱ）
する	なさる、される	いたす	知 る	お知りになる 知られる、ご存じ	存じる 存じ上げる
行 く	いらっしゃる 行かれる お行きになる	参る、伺う	思 う	お思いになる 思われる	存じる、拝察する
言 う	おっしゃる 言われる	申す	食べる	召し上がる	頂く
聞 く	お聞きになる 聞かれる	伺う、拝聴する お聞きする	着 る	お召しになる 召す	着させていただく
見 る	ご覧になる	拝見する	会 う	お会いになる 会われる	お目にかかる お会いする

② 言葉遣いをチェックしよう

あなたは日頃、どの様な言葉遣いをしていますか？ いわゆる学生言葉になっていませんか？ 今一度、自分の言葉遣いをしっかりチェックして、日頃から修正しておきましょう。

こんな言葉遣いをしていませんか

① 語尾伸ばし 「〜なので〜〜」
② すっごく、やっぱ、あの〜、え〜を何度も使う
③ 〜なんですよぉ。〜なんですね。
④ 句のすべてが語尾上げ
(質問風) 私は ♪ 昨日 ♪ 友達と ♪ 映画に ♪ 行ったよ。
⑤ 方言のイントネーションが出る

4　発声練習でよく通り聞き取りやすい声に

　ここからは、面接で良い印象を持ってもらうための声の出し方を練習します。声が通る、とよく言いますが、何のために声をしっかり出すことが大事なのか考えてみましょう。

質問	面接において、なぜ、声をしっかり出すことが大事なのですか。

質問	実際の仕事において、なぜ、声をしっかり出すことが大事なのですか。

考えるねらい

[ＣＡ] １．保安要員として旅客の誘導（時）　２．アナウンスの聞き取りやすさ
　　　３．機内での会話で、ご年配の方や耳の不自由な方に聞き取りやすい質と量
[ＧＳ] １．ゲート前に旅客が現れないときは、大きな声で旅客を探す
　　　２．アナウンス時も、お腹から声を出さないと聞きとりにくい

❶ 発声練習① しっかりお腹から発声

　発声練習をします。しっかりとお腹から声を出すことで、ハキハキとした感じや明朗さ、また、前向きさや積極性も伝わります。

　ＣＡ・ＧＳの仕事においては、緊急時、地声で避難誘導をしなければなりません。

発声練習のポイント１

肩幅程度に足を開き、しっかりお腹から発声

　お腹に手を当てて、腹筋を使っているか確かめながら発声練習をしましょう！

［１］１行分にブレスを入れず、母音を大事に発音しましょう。

1	アイウエオ	イウエオア	ウエオアイ	エオアイウ	オアイウエ
2	カキクケコ	キクケコカ	クケコカキ	ケコカキク	コカキクケ
3	サシスセソ	シスセソサ	スセソサシ	セソサシス	ソサシスセ
4	タチツテト	チツテトタ	ツテトタチ	テトタチツ	トタチツテ
5	ナニヌネノ	ニヌネノナ	ヌネノナニ	ネノナニヌ	ノナニヌネ
6	ハヒフヘホ	ヒフヘホハ	フヘホハヒ	ヘホハヒフ	ホハヒフヘ
7	マミムメモ	ミムメモマ	ムメモマミ	メモマミム	モマミムメ
8	ラリルレロ	リルレロラ	ルレロラリ	レロラリル	ロラリルレ
9	ワイウエオ	イウエオワ	ウエオワイ	エオワイウ	オワイウエ

② 発声練習② 早口言葉できれいに発音

発声練習のポイント2

口を、縦に横にしっかり開けてきれいに発音する

大きく息を吸い込んで、吐きながら早口練習。1カ月間、週に3回の練習を！！

［2］早口言葉で発声練習をしましょう。

1	おあやや母親におあやまりなさい
2	この竹垣に竹たてかけたのは、竹たてかけたかったから竹たてかけたのです
3	新春早々新進シャンソン歌手による新春新進シャンソン歌手ショー
4	特許を許可する農商務省特許局、日本銀行国庫局、東京特許許可局
5	赤巻紙、青巻紙、黄巻紙、緑巻紙
6	親亀の背中に子亀を乗せて、子亀の背中に孫亀乗せて、孫亀の背中にひ孫亀乗せて、親亀こけたら子亀孫亀ひ孫亀みなこけた
7	この杭の釘は引き抜きにくい釘、引きにくい釘、抜きにくい釘、くぎ抜きで抜く
8	生麦　生米　生卵　生貝　生エビ　なまりぶし
9	八票はいって　ピョンピョン　ぴょこぴょこ　跳びはねた
10	うちのつるべはつぶれたつるべ　隣のつるべはつぶれぬつるべ つぶれぬつるべとつぶれたつるべ

5　身だしなみを整える

　第一印象の中でも、最初に目に飛び込んでくるものは、表情や身だしなみです。身だしなみは、その人柄やタイプ、生活習慣に至るまでを表している場合が少なくありません。特に現役のCAやGSが面接官の場合は、男女共に接客にふさわしい印象かどうか、頭のてっぺんからつま先に至るまでしっかりとチェックしていることが多く、あなたが気づかないようなところまで見られています。

【私の身だしなみチェックリスト】　あてはまる項目に○をつけましょう

髪	1	清潔を基本として相手に不快感を抱かせないようにしている	
	2	乱れた髪ではなく、整髪を心掛けている	
	3	髪を奇抜な色に染めていない	
	4	髪が長い場合はきちんと束ね、後れ毛も出ていない（女性）	
肌	5	過度な日焼けをしないようにしている	
	6	肌の手入れを欠かさずしている	
	7	定期的に産毛処理やひげそりをしている	
	8	眉を整えている	
服装	9	ＴＰＯを考えた服装を心掛けている	
	10	シャツ、ブラウスなど毎日着がえて清潔を重視している	
	11	スーツ着用後は、しわを伸ばすなど手入れを欠かさない	
	12	衣服の汚れには敏感である	
手足	13	ネイルアートはＴＰＯを考慮している	
	14	靴磨きやヒールチェックなど、靴ケアは欠かさず行っている	
	15	膝・脛・腕・手の甲など、傷をつくらないようにしている	
		計	個

ココが POINT

【身だしなみのポイント】
頭からつま先まで、トータルの清潔感です！
自分を改めて認識した上で、次頁の項目に沿って自己表出を練習しましょう！

【身だしなみのチェックポイント】	
髪型	☆ポイントは、顔、額を出すこと。それにより、明るく健康的、聡明な印象に。 ● 女性……長い髪をまとめた際に、襟足、耳横のおくれ毛をハードムースでまとめ、落ちて来ないようにする。 ● 男性……前髪が額にかからないようにハードムースなどでまとめ、落ちてこないようにする。
肌	● 産毛処理をする。男性はひげの処理も。
化粧	☆女性の化粧のポイント（悩んだ時は、プロに教えてもらうのも良い） ● ファンデーションは、普段より少し明るめを。肌がきれいに見えること、明るいと好印象。頬紅は軽く、ほんのりと。目は印象に残るように。ただし、あくまで自然な印象に。目の下のくぼみが気になる人はコンシーラーを使用し明るい印象を。
眉	☆清潔感をポイントに手入れをする。 ● 女性……眉一つで表情や人に与える印象が変わってしまうので、描き方がポイント。自分に似合う眉にするためにはプロに聞くのも良い。
唇 口紅	☆唇の乾燥を防ぐお手入れをこまめに。 ● 女性は明るい色の口紅を。リクルートスーツは多くが黒なので、その方が、より華やかさを増す（マスクを取るよう指示があった場合のために、薄くさしておく）。
インナー	☆ブラウス、カッターシャツは白が基本。オフホワイトではなく、ホワイトが良い。清潔を基本に。 ● 女性……丸首、V形、楕円形などで顔の表出が変化する。試着で確認しよう。カッターブラウスは小さい襟より少し大きめの襟の方が顔が華やかに見える
スーツ	● 女性……ジャケットはできるだけシルエットが美しいものを。スカートはタイトスカートが良い。フレアやボックス型はボディラインが美しく出ない場合あり。 ● 男性……背丈、身に沿ったものを選ぶ。特にズボンの長さに気を遣うこと。色は一般企業の就活と同じと捉えればOK
靴下	● 女性……スカートの場合は肌色のストッキング ● 男性……ビジネス靴下着用。スーツの色に合わせる。白の靴下はNG
靴	☆必ず、毎回ピカピカに磨くこと。 ● 女性……シンプルな黒色のパンプス。ヒールの高さは関係ないが３センチ以上が望ましい。逆に高いピンヒールは履かない。 ● 男性……黒色、形がオーソドックスなビジネス用。前が長すぎたりするものは選ばない方が無難

LCCのZIPAIR JAPANは仕事時の靴がスニーカーです。試験時は、会社から特にスニーカー着用の指示がなければ、基本的なリクルートスタイルで臨みましょう。上記内容は基本であり、受ける会社の社風を理解して、自分らしさの表出を考えましょう。

6 これから努力を要するポイントの把握と改善

　あいさつから身だしなみに至るまで、あなたの第一印象を振り返ったとき、何が強みで何が弱みかを把握しましたか？　それをここに書き出して、改善すべきところをしっかり把握し、行動していくことが大切です。また自分にとって悩みの種があったとしても、人に聞けば案外気になっていなかったりします。家族や友達に聞いて、実際に取り組むべき課題を明確にしましょう。

［1］笑顔を中心とした表情の習慣

　いつもは笑顔が良く出ていても面接試験では緊張して出にくいものです。どんなに緊張しても、自分の良い表情にできるだけ早く戻れるようにすることです。そのために、次のようなことを心掛けましょう。

- いつも楽しいことを考える癖をつける！おもしろい動画を見る、自分の笑うスイッチを見つけておく。
- １日１回、良いことをする。
- 口角が上がりにくい人は、１日５分は割り箸を口にはさみ「イー」と練習。

［2］バランスの取れた身長・体重

　良い姿勢を保っていると雰囲気まで堂々とした感じになります。
- バランスの取れた身長・体重が大事
　この仕事を目指している人にかなりやせようとする人がいますが、やせすぎているとハードな仕事が務まるかな？と思われることもあります。バランスが大事です。

［3］日々の身だしなみから清潔感を養う

　就活でヒールを履く人も多いはず。毎日履くと靴はくたびれてきます。においや汚れに敏感になりましょう。毎日ピカピカに磨きましょう。
　ズボンやスカートのしわやカッターブラウスの襟にアイロンがけを！

［4］日々の生活の中で察する力を養う

　日々起きている出来事にも関心を持って、なぜこんなことが起こるのだろう？　と考えたり、その渦中にいる人に想いをはせてみる。日々の生活の中で感謝の気持ちや人を愛する気持ちを大事にする。
　そうすると一目見ただけで、その人の表情から何があったかを察する力が身に付いていきます。

第一印象に関して、これから努力を要する点を書き出してみましょう。

入退室のマナー

良い第一印象をしっかり身に付けましたか？
次はその第一印象を入退室の練習を通して生かしていきます。

I 面接に向けて入退室の練習

① ドアの前に姿勢を正して明るい表情や笑顔で立ち、ノックをした後、面接官の「どうぞ」を待ちドアを開ける。

② ［個人の場合］
ドアを開けて、「失礼いたします」と明るく颯爽と面接官を見て笑顔であいさつする。
鞄は片手で横に持つ。
ドアを閉めるときは、後ろ姿を面接官に見せないようにする。
お辞儀は、手をできるだけ下のおなかのあたりで組み、肘をあまり曲げないようにすること。
男性は手を体の横に添えてお辞儀する。
笑顔を意識するあまり作り笑いにならないように、楽しそうな明るい表情を常に心掛けよう。

② ［集団の場合］
最初の人はドアをしっかり開け、あとの人が入りやすいように配慮する。各自あいさつしたら、椅子の前まで進み、全員そろうのを待つ。
最後の人はあいさつをした後にドアを閉める。

③ あいさつ後、明るく颯爽と歩く。
このときのポイントは、あいさつをしている時も、椅子まで進む時も、表情は明るく、笑顔の雰囲気があること！ 決して下を向いて歩かない。

④ ［個人の場合］
ドアに近い側に立つ。

④ ［集団の場合］
椅子の前に立つ。
名前を言う指示の後、「○○と申します。宜しくお願いいたします」とハキハキと笑顔であいさつする。

⑤ 椅子に座る指示の後、「失礼いたします」と軽く会釈して椅子の位置を確認しながら、美しい所作で座る。
姿勢は最後まで真っすぐ。
座るときのポイントは、深く座るが長い面接であっても背もたれにはもたれないこと。
女性は、足を90度よりも少し前に真っすぐ出す。それと同時に、手は膝の上で組む。膝頭が開いていないか意識する。
男性は、足を肩幅ぐらいに開き、膝と足は前に向ける。両手は軽く握り、太ももの上に置く。

面接のポイント

①面接室に入る前に、同室になる受験者と仲良くなっておきましょう。但し入る前にべらべらとおしゃべりするのは禁物。
②面接中は、同じ受験者の話に共感しましょう。うなずいたり、話の内容によって、表情を少し変えたりするのも共感しているようすがよく分かります。

プロ中のプロの仕事で将来を描く先輩たち

　この夏、ヨーロッパから帰国の際のフランクフルト空港で、私は2名の日本人GSを目にしました。彼女たちはこの土地に住み慣れているようで、英語を流暢に使いこなし、現地の言語も駆使して仕事をしていました。その堂々とした振る舞いや対応に「頼もしいなぁ」と、ある種の憧れにも似た気持ちになりました。

　日本では2016年4月1日に「女性の職業生活における活躍の推進に関する法律」（女性活躍推進法）が施行され、女性のキャリア形成や育児と仕事との両立ができる職場環境が整備され、社会進出も徐々に増加しています。しかし世界経済フォーラム（WEF）が2021年3月に公表したジェンダーギャップ指数（GGI/ 0が完全不平等、1が完全平等）によると、この指数は「経済」「政治」「教育」「健康」の4分野のデータから作成され、2021年の日本の総合スコアは0.656、順位は156カ国中120位でした。これは先進国の中で最低レベル、アジア諸国の中で韓国や中国、ASEAN諸国より低い結果となりました。

　CAやGSはとても女性が多い職場です。思いやりの心を生かして、やわらかく接する事など「女性特有の特性」を生かせる職種だからとはよく言われますが、そこにとどまらず、CAなら、乗客の安全確保を常に意識し、GSなら、飛行機の定時出発に向けてチームが一丸となって行動するプロ中のプロの仕事を全うしています。

　結婚すれば辞める、出産したら辞める、もうそんな職種ではありません。彼女たちは自分の将来をどのようになりたいか描きながら、苦難も乗り越えていこうと逞しく仕事をしています。

　飛行機に乗る直前のゲートで、一人一人の乗客の目を見て、温かな眼差しと笑顔で「行ってらっしゃいませ」と見送りだしてくれました。

　ありがとう。あなた方のおかげで最後まで良い旅ができました。

第8章
面接試験

Section 12

面接試験対策

面接では、第一印象・コミュニケーション力・チーム力・気配り・忍耐力・たくましさ等、全てがチェックされます。
面接試験に向けてその対策を解説します。

コロナ禍を経た面接の傾向

2022年度の面接は、多くの企業において対面とオンラインを組み合わせた「ハイブリッド面接」と言われる形式で行われました。一般的には、最初の段階ではオンライン、選考が進むにつれて対面形式になります。
どちらの形式でも、苦手意識を持たず、しっかり対応できるように練習しましょう。
ハイブリッド面接対策は、「第6章 1次試験突破のカギ」で詳しく解説しています。

Ⅰ　面接試験で見られていること

面接試験で、面接官はあなたの何を見ているのでしょうか。1次、2次、3次ごとにポイントを解説します。

❶　1次面接試験

[1] 人数

人数5〜6人／グループディスカッション、または集団面接試験

[2] 見られるポイント

第一印象

▶グループディスカッションの解説と実際に出た質問は、「第9章グループディスカッション」で詳しく解説しています。
▶オンラインで行われる場合の対策は、「第6章 1次試験突破のカギ」で解説しています。

❷ 2次面接試験

［1］人数
　1～3人／集団面接または個人面接

［2］見られるポイント

※基本的に見られるポイント
- 第一印象
- コミュニケーション能力、主体性、積極性
- 自己分析をしっかり行うことによって、なぜCA・GSかという点について、単なる憧れではなく明確に言えるか

※応用的に見られるポイント
- 各社それぞれが求めるタイプかどうか

▶「第5章 企業研究」で詳しく解説しています。

❸ 3次面接試験

［1］人数
　人数1～2、3人／集団面接または個人面接

［2］見られるポイント
- 面接官が試験ごとに変わることによって、誰が見ても同じ好印象かどうかを再確認
- この会社を選ぶかどうかの最終確認

2　面接試験対策の重要なポイント

　１次試験を突破し、いよいよ面接試験です。第７章までで学んできたこと
をベースに、面接試験に臨みましょう。ここでは面接試験対策の重要なポイ
ントを確認していきます。

❶　面接では、ありのままのあなたしか興味を持たれない

　次のような点に留意し、「ありのままの自分」で面接に臨みましょう。

　これは面接で最も大事なことです。「面接では、ありのままのあなたしか、
興味を持たれない」のです。

［１］自分に素直に

　自分の現状を認め、過大によく見せようとしない。これ以上の自分も、
これ以下の自分もいないのです。

［２］敬語を使いすぎない

　「ＣＡ・ＧＳは接客のプロだから、きれいな言葉遣いをしなくてはならな
い」とばかりに、「ございます」「しております」とやたら言う人がいます。
敬語の基本は知っておくべきです。そして分かった上で、学生という本分を
生かして、「です・ます」調で話せばよいのです。

［３］覚えた文章をそのまま言おうとしない

　「面接の答え」は暗記してもだめです。面接では「あなたの考え方」が
問われます。

　面接は不安な気持ちで臨む場合が多いため、暗記していく人が多いのです
が、これでは面接官があまりあなたに興味を示してくれません。暗記はあく
まで暗記であって、その場の質問に考えたことではないからです。

　面接では、会話の中でさまざまな角度から深掘りされますので、あらか
じめ解答を暗記しても質問に答えられません。

　それよりも、素直に、会話を楽しみながら、あなたの考えをまとめて、
自分の言葉で答えることが面接突破のカギです。

まとめ

考えをまとめて、自分の言葉で答える習慣をつけるのに役立つ手法例

- 新聞からエアライン関連の記事をスクラップし、音読し、記事を2行分くらいに要約する。
- 常に「なぜ？」と疑問を持つ。物事を当たり前に見ない。
- 話すときに「○○だから、○○だね」と、理由や説明をできるだけ入れるように習慣づける

② 掘り下げて考える習慣をつける

　「第6章　1次試験突破のカギ」でも解説したように、面接2次〜3次試験では、ES内容に沿って深掘りされることが近年非常に多くなっています。これにより、受験者をさまざまな角度からしっかりとチェックしています。

【例】ESによると、オンラインを利用してクラブ活動をされていたとのことですが、対面とは違いかなり大変な部分が多かったのではないですか。

なかなか賛同してくれない仲間に対してどのように対応しましたか。

チームワークを大事にされてきたのですね。あなたにとってチームワークとは、どのようなものですか。

ココが POINT

　このように、質疑応答によって深堀りされていきますので、日頃から過去から現在に至って自分を把握しておくことが大切です。どのような内容の質問であっても答えられるように、自己分析を何度も振り返りましょう。
　次頁の質問に書き込んで、掘り下げて考える練習をしてみましょう。

質問	以下の質問に沿って書いてみましょう。

① あなたが日々を過ごす中で、どんな出来事がありましたか。
（小さなことでも構いません）

② その際、どんなことを感じたり、考えたりしましたか。

③ なぜ、そのように感じたり、考えたりしたのでしょう。

④ そのように感じた自分をどう思いますか。

展 開	上記で書いた内容について、「○○だから、○○と思った。考えた」という言葉を用いて、2，3行で要約してみましょう。

質問2	以下の質問に沿って書いてみましょう。

① あなたが「ありがとう」の気持ちを伝えるとしたら、誰に1番伝えたいですか？

② それはなぜ？

③ あなたにどんな出来事があって、「ありがとう」を伝えたいと思うようになったのでしょうか？

④ 「ありがとう」を伝えたいと思う自分を客観視してみて、どのように感じていますか？

展 開	この内容を誰かに伝えるために3行くらいにまとめてみましょう。

伝わるポイント

　伝えたいことは何かを明確にすること、その理由が入っていること。

質 問	以下の質問に沿って書いてみましょう。

① 今世界で起きている出来事で、１番関心があることは何ですか？

② なぜ、それに関心があるのですか？

③ なぜ、そのようなことが起きると思いますか？

④ 今改めて考えたとき、これまでとは違う何かに気づきましたか？

展 開	その出来事を考えることを通して、自分のどのような感じ方、考え方に気づいたか、誰かに伝えるために３行くらいにまとめてみましょう。

| 仕上げ | 下記の質問、あなたならどのように答えますか。 |

「コロナなどによりフライト以外のことをするかもしれないが、それについてどう思いますか？（ＪＡＬ面接質問より）

▼

「○○だから○○と考えた」という言葉を用いて、2，3行で要約してみましょう。

3　客観的視点を持つと面接が怖くない

　次のように客観的視点を持つと、面接も怖くありません。

［1］自分は選ばれる存在であるとともに、選ぶ存在でもある

　この会社に入りたい！　と思うばかりではなく、「自分も選ぶんだ」と自覚すれば、面接におびえることもありません。

［2］自身の働く姿を常に想像する

　あなたはＣＡ、ＧＳとなってどんなことをしたいですか？

　ＣＡは、なった後の機内での接客やステイ先での楽しみなど想像していきましょう。

　ＧＳは、飛行機へお客様をご案内している姿、活気ある空港を走り回る自分をイメージしましょう。

［3］面接の時間を二度とない「ひととき」と捉える

　まさに面接は一期一会です。たくさん面接を受けても、この瞬間は二度とやってこない。取り戻すことはできない。だからこそ、このひとときを楽しむ、ワクワクする気持ちで臨むことが大事です。

4 聴き方も重要

　接客で大事なことは、相手の立場になって話を聴くことができるかどうかです。

　1次・2次・3次すべての面接で、この態度は高い重要度を持ってチェックされています。

あなたの聴く力をチェックしよう

　自分だけでなく、他人にもチェックしてもらいましょう。
　〔いつも…○　時々…△　しない…×〕
　×が付いた項目は、○になるように聴き方上級者を目指しましょう。

チェック項目	自分	他人
人の意見や言葉にじっくり耳を傾ける方だ		
ゆっくりうなずきながら相槌をうつ （そうなんだ、そうか、なるほど、など）		
体の向きや前傾姿勢など、相手に合わせる		
相手が何を話したいのか、話の要旨を捉えながら聴く		
相手の気持ちを考えながら聴く		
話の途中で自分が話し出さない		
適時、適切に質問する		
相手の話に共感する		

（『レッツ、ホスピタリティ！〜心を伝えるコミュニケーション能力の磨き方』より）

夢を追いかけられること自体、『幸せ』

　「きっと彼女なら受かるだろうなぁ」「私なんて」「どうせ努力したって駄目なんじゃないの……」

　こんな言葉にあなたは無縁ですか？

　人間誰しも、人から見てどんなに優秀そうな人でも、心の中をのぞけば大なり小なり同じ気持ちでいることが多いものです。

　このエアライン受験だけでなく、人と比べることは常にあることです。それは人間なら仕方がないことでしょう。

　でもそんなときは、ふと立ち止まって考える時間を持ってほしいのです。

　2022年2月、ロシアのウクライナへの軍事侵攻により、多くの人が犠牲になっています。町や家を破壊され、他国に避難することを余儀なくされ、母国に残っている人々も生死の危険にさらされています。

　イランでは、頭髪を覆うスカーフを適切に着けていなかったとして、道徳警察に逮捕された女性が、その後死亡するという痛ましい事件が起きました。アフガニスタンでは女性が中等、高等学校に行くことができなくなっています。

　このように世界のいたるところで紛争や戦争が起こり、人が人らしく生きることができない国がたくさんあります。日本国内でも、貧困が大きな問題になっています。

　多くの若者が、自分の夢に向かうことすらできない現実の中で生きています。

　あなたは、夢を追いかけられること自体、幸せなこと。
　しっかりと一歩を踏み出しましょう。

第9章

グループ
ディスカッション

13 グループディスカッション対策

グループディスカッションからは、チームワーク、気配り、客観視点、リーダーシップなどが見えてきます。コロナ禍でオンライングループディスカッションが増えましたが、今後も対面型とオンライン、それぞれの特徴を踏まえた上でどちらの形態になっても対応できるようにしっかりと練習しておきましょう。

Ⅰ　グループディスカッションに強くなる

❶　グループディスカッションとは

グループディスカッション試験では面接官２名に対し、受験者は５〜６名
- 時　間：10分、15分、20分
- 進め方：テーマが与えられ、そのテーマに沿って、集まったメンバーと時間まで話し合う。※最後に発表する場合もある。

❷　グループディスカッションの種類

航空会社で取り上げられる形式には、以下のようなものがあります。

［１］自由討論形式

あるテーマで時間制限まで自由に話し合う。2019年ＪＡＬはこの形式。
最後に発表する場合、しない場合がある。
【例題】社会人と学生の違いは

［２］ディベート形式

あるテーマについて、賛成か反対か、または両方のテーマのどちらかに分かれて討論。
★ＪＡＬは、2018年までこの形式を採用。ただ、両者に分かれてディベートすることは求められず、お互いの意見をどこまで理解しあえるかに重点を置いている。
【例題】朝食はご飯派か、パン派か

［３］グループワーク

受験者全員で分担して作業を行い、制限時間内で結果を出し発表。
【例題】外国人を５泊６日で日本に招待。ＡＮＡ機を使って日本の観光地を案内する旅程を考える

③　面接官は何をチェックしているのか

　集団面接や個人面接では分かりにくい受験者の部分をチェックするために、グループディスカッションを使います。１次面接試験で行われることを考えても、ＣＡ・ＧＳの基本適性のチェック試験と言えます。

質　問	面接官はグループディスカッションで何をチェックするのでしょうか。

あなたの考え

▶ 考えるヒント ●

① 対人関係能力……これは人間関係の基礎であることと、ＣＡ・ＧＳは接客のプロであること。
② コミュニケーション能力……
　　● 表情や態度から、親しみやすさを表出し相手が話しやすい雰囲気を醸し出す力。
　　● 会話において言葉から旅客の気持を読み取る力、楽しい会話から旅客に満足感をもたらすこと。
③ チームワーク力……
　　［ＣＡ］機内でのサービス時、緊急時にチームワークの発揮が求められる。
　　［ＧＳ］当日のフライト担当者間で常に情報を共有。チームワークが安全・定時運航に欠かせない。
④ 論理的思考力……常に結果には原因がある。その原因は何なのかをどんなことについても考えるようにしておくと、物事の真相をつかみやすい。
⑤ 客観的視点……物事を広く冷静に見る視野を持っていると、常に何が大事か理解できる。また常に自分はどうあるべきかも理解できる。

④ グループディスカッションに臨む心構え

　グループディスカッションは1次面接試験で行われることが多く、あなたが、まさに企業と初めて出会う場面です。ＣＡの飛行前のブリーフィングでは、自己紹介・飛行プランやお客様の情報共有・サービスプランの確認などを短時間で行いチームワークをとります。初対面のＣＡ同士のあいさつや笑顔は、機内に入る前から始まります。グループディスカッションでも、このような場面をイメージしてモチベーションを上げて臨みましょう。

　またＧＳは、その仕事の多くがチーム連携によって行われます。飛行機を定時に離陸させるためには、ＧＳ同士の連携はもちろんですが、運航乗務員や客室乗務員、グランドハンドリングや整備等、様々な職種の人とも一瞬でコミュニケーションをとらねばなりません。グループディスカッションでは、どんな場面でもチーム力を発揮して対応できるあなたをイメージしましょう。

⑤ グループディスカッション入室前のポイント

　同じメンバー同士、入る前に仲良くなってできれば皆で役割分担を決めておくのも良い。仲良くなっておくとディスカッションしやすく笑顔も出やすいことから、あまり緊張せず面接室に入れる効果もあります。「みんなで受かろうね！」の精神を。

⑥ グループディスカッションでの役割とすべきこと

　採用担当者からの事前の説明に従い、時間内に進めましょう。自己紹介→役割決め→ディスカッション→まとめ→発表（進め方の一例）という流れがありますが、最終の目標はグループとしての「最良の結論」を出すことです。

役割	やるべきこと	さらに、意識してみよう
リーダー	● 意見をまとめる ● 同意をとりながら、場の進行を行う	● タイムキーパーや書記に対しての目配りや補助
タイムキーパー	● 時間を計る	● タイムマネジメントを行う 例）只今○分経過、残り○分になりましたので、そろそろまとめに入りませんか？
書記	● 意見をメモする ● 発表者になる可能性もある	● 書くことだけに追われないで、顔をあげて発言すること
発表者	● アピール度は大きい	● 笑顔と大きな声で話す ● まずは結論から。その後に、「理由」「具体例」「まとめ」とすると伝わりやすい

⑦ グループディスカッション時のポイント

① 話の流れを冷静に見つめ、適宜方向修正をする。
② 他者が話をしているときは笑顔でうなずき、しっかり聞いている印象を。
③ 聞き上手であることが基本ではあるが、発言もしっかり行うこと。
④ 全く発言していない人への配慮を怠らない。
⑤ 司会者ばかりを見て話さず、まんべんなくメンバーを見て話すことも大事。
⑥ 自分の日常が出やすいため、学生言葉や癖に気をつける。
⑦ 話に夢中になると姿勢がくずれるので注意すること。

ポイント

どのようにすれば議論が進行するか、瞬時に考え行動を起こす！
- 口火を自分が切る
- 自分のエピソードを入れてみる
- まだ話してない人に振ってみる
- 話の論点を変える提案をする

⑧ オンライングループディスカッションの注意点

① 通信トラブルや音声トラブルが起こらないよう環境を整えること。背景の映り込みにも要注意。
② 事前に皆でコミュニケーションをとる時間がないため、スタート時の自己紹介で全員の名前と顔を確認しメモをとる。
③ 画面越しで相手の表情や反応が読み取りづらいので、笑顔や相槌は、対面のとき以上に意識する。
④ パソコンのカメラの位置を、相手から見て、自分の視線の位置（アイコンタクトが取れているように見える）がちょうど良いところに定まるように、調整すること。

ポイント

オンライン面接のコツ
Section08.09 にまとめて解説しています。

⑨ グループディスカッション後のポイント

グループディスカッション後に、

● 人の意見を聞いて考えは変わったか

● ＡかＢの究極の選択を迫られた経験は？

などの質問があります。

また、その間に話したことが全てメモされていて、そこから質問されることもあります。

グループディスカッション終了後も、役割で気をつけていたことや、自分の発言内容についても意識をしておきましょう。

質 問	あなたのグループディスカッション対策について書いてみましょう。

2　グループディスカッション　テーマ集

　ここまで学んできた「グループディスカッション対策」を参考に、以下の
テーマについて考えて練習しておきましょう。準備が大事です。

　（グループディスカッションは毎年行われるとは限りません）

❶　ＣＡ職試験でのグループディスカッションテーマ

【ＪＡＬ】（対面でのグループワーク／2022年）

※各自異なる内容が書かれたカード（自分の持ちアイテムは言わずに）を元に、10分
〜15分間で話し合い、終了後1〜2分の発表

　1．砂漠に二つ持っていくとしたら、リストから二つ選ぶ
　2．新しい星に何か持っていくとしたら何にするか

【ジェイエア】（対面／2022年）

　1．人生において大切なものは、お金か時間か
　2．ペットを買うなら犬か猫か
　3．健康に必要なのは睡眠か食事か
　4．今住むなら都会か田舎か

【ソラシドエア】（〜2019年）

　1．ソラシドエアのＣＡに求められる要素
　2．ソラシドエアらしさとは（発表）
　3．グループワーク（役割りを決める）

（1）月に宇宙船が不時着し、あなたが乗っている宇宙船は大破しました。母船までの
　　　距離は320キロあります。宇宙船の中にある15個のものに必要なもの順に1〜15番
　　　まで順位をつけてください。
　　　　　①太陽熱式ＦＭ式受信機　②マッチの入った箱　③磁石　④粉ミルク
　　　　　⑤水（19ℓ）　⑥酸素ボンベ（45キロ）　⑦45口径銃（2丁）
　　　　　⑧月から見た星座表　⑨宇宙食　⑩ナイロン製のロープ（15メートル）
　　　　　⑪救急箱　⑫いかだ　⑬照明弾　⑭落下傘の綿布　⑮携帯型暖房機器

（2）16枚に分かれている絵の片を皆で話し合って、1枚の絵に完成させる

【スターフライヤー】（〜 2019 年）

1. スターフライヤーのＣＡになったとして、利益を上げられるような機内販売の商品を考える〔そのときのキャッチコピーも〕
2. 新規就航路線を考えてください（発表あり）
3. 2020年の東京オリンピックに向けてスターフライヤーとしてできることは

【スカイマーク】（〜 2019 年）

1. 機内の飲み物を有料にすべきか
2. スカイマークが他の企業とコラボレーションするならどのような内容にしますか
3. 女性の旅行を促進する新しいサービスを考えてください
4. スカイマークが女性に、より利用してもらうためには
5. スカイマークの新しいキャッチコピーを考えてください
6. コラボレーション企画を考えてください

【ＺＩＰＡＩＲ】（2019年）

1. あなたはある旅行会社の企画部です。すべての部署において売上を15％上げる案を出す指示があったが、国内旅行部から提出がない。そこで企画部が国内旅行部に、現実的かつ挑戦的な案を3つ考えて提案しなさい。
2. グループワーク
   紙とコップと割り箸でタワーを作る

❷ ＧＳ職試験でのグループディスカッションテーマ

【ＡＮＡエアポートサービス】（〜 2019 年）

1. 外国人に日本食の魅力を伝えるために、どのようなツールを使用して発信していくべきか
2. 羽田空港をストレスフリーな空港にするには
3. あなたの街の商店街を活性化させるためにどんなお店を出店しますか
4. この会社でアイドルグループを作ることになりました。そのアイドルの条件とは
5. 機内にあったらよい設備
6. 日本の良さを外国人に知ってもらうためには
7. スムーズ、ストレスフリー、あんしん、ワクワク、ハッピーを表す空港の新サービスを考えよ
8. 羽田空港にキャッチフレーズをつけるとしたら
9. 一機の飛行機を定時に飛ばすには何が必要だと思いますか

【ＡＮＡ大阪】 （オンライン／ 2022 年）

※振り返りの際に挙手制で議論した内容についての質問がある
皆さんが思ういい会社とはどんな会社ですか？

【ＡＮＡ沖縄】（対面／ 2022 年）

1. ＡＮＡのＣＭを作ってください
2. ＡＮＡで沖縄に来る人に魅力を伝えるにはどうしたら良いか
3. 沖縄空港と沖縄をＰＲするＣＭを30秒で作る
4. 安全意識を高めるために、どのような教育をしたら良いか
5. 架空のテーマパークを作るとしたら、どのようなものにしたいか

【ＡＮＡ関西】 （オンライン／ 2022 年）

1. この４人でシェアハウスするならば、どのようなルールを作るか
2. 外国人に紹介する日本のマスコットキャラクターとは？
3. もし修学旅行に行くならどこに行きたいか

【ＡＮＡ新千歳】（対面／ 2022 年）

1. 東京で北海道物産店を開催するならどのような店を出店しますか？
   ラーメン店orスープカレー店

【ＪＡＬスカイ】（2019年）

※約20分３分で発表（2017年）

1. 海を知らない人にどういうものかを説明する
2. 東京ドーム10個分の土地を自由に使えるとしたらどのように使うか
3. あなたは小学校の先生です。明日、２年生が遠足に行く予定ですが、降水確率は50％です。どのように準備しますか
5. 組織の一員として働く際必要なことは何か（グローバルフィールド）
6. 仕事とプライベートを充実させるために必要なことは
7. 日本らしさとは何か
8. 友人にお勧めする観光地ベスト３
9. 外国人に日本らしさを体験してもらうためには何がよいか
10. 肉が嫌いな人に肉を勧めるにはどうすればよいか

【ＪＡＬスカイ大阪】（オンライン／2020年）

※ディベート15分

1. 趣味が充実しているから仕事ががんばれる（Ａ）、仕事が充実しているから趣味が楽しめる（Ｂ）のどちらか
2. 仕事かプライベートどちらを大切にするか
3. 企業の地域活動について
4. 飛行機に乗るなら窓側or通路側
5. 機内で過ごすなら寝るor映画を観る
6. 夏休みに行くなら国内or海外
7. 未来の空港にあるサービスとはどんなものがあるか

【ＪＡＬスカイ札幌】（対面／2022年度）

1. 高齢者の搭乗率をあげるのはどうしたら良いか
2. 地域貢献を行う上で航空会社が取り組むことは何か

第10章
面接質問集

Section 14

最新面接質問集・過去問

面接質問集・過去問

これまでに面接で実際に出た質問を掲載しています。過去の質問を一つ一つチェックしていくと、面接官が聞きたいことや知りたいことが理解できるようになり、質問対策が立てやすくなります。質問対策のポイントは、あなたが答えた内容に対して、面接官が更にどんな質問をしてくるのかを想像し、そこから深く自ら掘り下げていくことです。過去問の練習をして自信を持って面接に臨みましょう。

① CA（★は出題頻度が高い質問）

ANA　面接質問集　〜2019年

1次面接（対面／面接官2人：受験者4人）

1. 自己紹介　1分★
2. 志望動機★
3. どんなCAになりたいか★
4. 自己PR　2分★
5. あなたは周りからどんな人だと言われるか★
6. 今まで一番力を注いだこと
7. 人とコミュニケーションをとる上で大切にしていること
8. 対人関係でぶつかったこと
9. 困難にぶつかった際の克服法★
10. 人生の困難にぶつかったときはどう乗り越えるか
11. 挫折経験、それをどう乗り越えたか★
12. 資格取得して今後CAとして役立つこと
13. 今までに感動したことは何ですか
14. 今までで一番悔しかったことは
15. 気になるニュース
16. 今の自分に最も影響を与えている人
17. 好きな季節は
18. CA以外にやってみたい職業は
19. 接客業で大切にしていること
20. ANAのCAになったとして、どんなCAになりたいか
21. 日本のおもてなしとは
22. これまでがんばったことは
23. あなたにとって人生における重大なポイントは
24. 人を幸せにするには
25. あなたの強みは
26. 今取り組んでいること
27. 社会人になってやってみたいこと
28. 社会人として大切にしなければいけないことは
29. 学生時代の経験で「これだけは自慢できる！」ということ
30. 今熱中していることは
31. 最近感謝したこと
32. CAに必要な力とは何
33. 大切にしている考え
34. 逆に質問をどうぞ（挙手で）
35. リフレッシュ法は
36. 飛行機にまつわる自分のエピソード
37. 今まで感動したサービス
38. 今までに長く続けていること、続けている理由
39. あなたの思うチームスピリットは
40. 最後に一言どうぞ（挙手制）★
41. 最後に想いや言い残したこと（挙手制）★

2次面接 （面接官2人：受験者1人、約15分）

1. コーヒーをお客様にこぼしてしまったら、どのように謝るか
2. 自己紹介と志望動機を1分で★
3. どうしてANAのCAか
4. 自己紹介　1分★
5. 自己PR　1分★
6. ANAの印象★
7. 日本のおもてなしとは★
8. 1年後、CAになったあなたはどんな感じだと思うか
9. こんな人になりたいってありますか　どんな人か紹介してみて
10. ここに来るまでに印象的だったこと
11. CAとして何が楽しみで、何が不安か
12. 企業選びのポイントは
13. 今までしてきたことでCAに生かせることは
14. 社員みんなホスピタリティあるけど、あなたにしかない特性は
15. 人と信頼関係を築くときに大切にしていること
16. 航空業界のサービスに足りないもの
17. アルバイトをして印象的なエピソードは
18. 人と接するのが好きだと思ったエピソードは
19. チームワークで何か達成したことはあるか
20. チームって大切だと心から痛感したことはあるか
21. チームワークを大切にしたことは
22. どんなCAになりたいのか★
23. 周りからどんな性格だと言われるか★
24. なぜ留学しようと思ったか
25. あなたにとって就活の軸とは
26. 大学時代一番勉強したこと
27. アルバイトについて話してください
28. 理想のCA像
29. 身近なCAになりたいと言ったが、それはどのようなもの？
30. ANAのCAの仕事はどのようなものがある？
31. 健康管理で気をつけていることは
32. CA以外でホスピタリティが必要な職業は？
33. CAに必要な要素は？　そこにあなたの強みをどう生かすのか
34. なぜ、航空業界でANAか
35. ANAで10年後どうありたいか
36. CAになるにあたって、自分にたりないところ
37. CAを目指していて日々心がけていること。エピソードも入れて
38. 自分が接客業に向いていると思ったエピソード
39. JAL・ANAの違いは？　なぜ、ANAなのか
40. 挫折したことある？　そのときこうすればもっとこうなったかなと、思ったことはある？
41. どんなサービスをしたいか
42. JALは受けているか
43. 人生で1番失敗したこと
44. 精神面で気をつけていることは
45. セールスポイントは
46. これまでで一番がんばったことは★
47. 航空会社の気になるニュース
48. 今後挑戦したいこと
49. 最近何か始めたことはあるか
50. ANAでどんなことにチャレンジしたいか
51. CAは大変なこともあるが、何が大変だと思うか
52. 最後に言い残したこと★
53. 最後に一言★

3次面接（面接官2人：受験者1人）

1. あなたにとって英語とは
2. 留学で何を学んだか
3. 自己紹介（1分以内・簡単に）★
4. どうしてANA？CA？
5. ANAの印象★
6. 論文はなぜそのテーマにしたのか
7. 誰にも言ってないけどここは知って欲しいと思う自分の性格は
8. CAになるにあたって、いま何か勉強していることはあるか
9. 就活の軸
10. 周りからどのような人だと言われるか
11. あなたにとってグローバルな人とは何か
12. 私ってどんな人？
13. あなたのチームでの役割は
14. ANAがより良くなるためには何が必要か
15. 今後の航空業界は明るいか
16. 就活状況を教えてください
17. ANAのどういうところから1人1人の個性を感じますか
18. 大きな組織に入って周りに流されたり、ぶれたりしないか
19. 10年ごと40年後のキャリアプラン
20. ANAのCAになったら就活生の今の自分に何て声をかけたいか
21. 大学に入ってから読んだ本でお薦めの本は
22. 人や社会に自分が影響を与えたと思うこと
23. 自分で自分を変えた経験
24. SNSのメリットって何だと思う？
25. こんなこと聞かれると思っていたけど聞かれなかったことで言いたいことはあるか
26. 最後にこれだけは伝えておきたいこと★
27. 最後に一言★

特徴

［1次面接］
● 質疑応答からの深掘りが多い。
● 全員質問は挙手制が多い。その時は積極的に手を挙げて答えよう。

［2次面接］
● 自己分析がしっかりできている上で、確信を持って的確に答えることが大切。

［3次面接・最終面接］
● 最終面接では、本当にANAで活躍したいと思っているのかを、とことんチェックされる。2次面接よりもさらにESからの質問が多く深掘りされる。

1．自己PR
　　（自己紹介＋自己PRを1分で）★
2．志望動機★
3．なぜCA？
4．CAの訓練は厳しいが耐えられる自信はあるか
5．国際線を飛びたいと思わないの？
6．一番好きな旅行先
7．入社するまでの数カ月どのように過ごすか
8．CAは人を観察する力が必要だが、日頃からどのように人を観察しているか
9．ANAウイングスの一番の魅力
10．今の気持ちを色で表すと
11．今までの人生で大切にしてきたこと
12．日本の魅力を外国人に伝えるとしたら、何と伝えるか
13．ウイングスを研究した中で印象に残っていること
14．日本の良さとは
15．CAにとって大変だと思うこと
16．CAになりたいと思ったきっかけ
17．何か質問あればどうぞ
18．どんなCAになりたいか
19．周りからどんな人と言われるか
20．LCCとFSCの違い
21．自分は悪くないのにクレームを受けたらどうするか
22．苦手な人とどう接するか
23．どんな社会人になりたいか
24．チームで対立したらどうする
25．最後に一言★

10

面接質問集

1 次面接（オンライン／面接官２人：受験者３人）

1. 自分を表す漢字一文字を含めて自己紹介
2. コロナ禍の挑戦　2分
3. ＣＡとして挑戦したいこと
4. 諦めずがんばることができたモチベーションは何か
5. 周囲の人との関わりで大切にしていること、それを今後どう生かすか
6. チャレンジをしたこと
7. 強みと弱み。今後弱みをどのように克服していきたいか
8. 学生時代力を入れて取り組んだこと★
9. 客室乗務職で生かせる自分自身の強み
10. 挫折経験とそれを乗り越えた方法
11. ＪＡＬＣＡの志望動機
12. これまで一番力を入れたこと
13. あなたを色に例えると
14. ＪＡＬＣＡ以外で挑戦したいこと
15. 新しいことに取り組んだ経験とその中での人との関わり方
16. 考えて行動する・行動する前に考える、のどちらか
17. ＪＡＬに入ってからのキャリアプランは
18. 社会人になるにあたって大切だと思うこと
19. 面接官に逆質問

【ＥＳ内容からの質問】

20. 趣味・特技について
21. 今までに新しく挑戦したことと、その時の困難 / なぜ挑戦したか
20. あなたにとっての DREAM はなんですか？
21. 〇〇検定について、なぜとろうと思ったのか

2次面接 （グループディスカッションの後、対面／面接官2人：受験者1）

1. 自己紹介
2. 自分を漢字1文字を含めて自己紹介
3. 現職の志望動機
4. 仕事で大切にしていること
5. 現職からCAに生かせる強み
6. 客室乗務職で生かせる自分の強み
7. CAを目指す理由とどんなCAになりたいか
8. 人間関係で困ったこと
9. アルバイトで自分が行った良いサービス・悪いサービス
10. 挫折経験とそれをどう乗り越えたか★
11. 長所とそれを生かしたエピソード
12. 短所とそれを改善するためにしていること
13. 現職で難しかったお客様にどうやって対応したか
14. チームでどのような役割を担うことが多いか
15. チームで成し遂げたこと
16. チームでハプニングが起きた時、どのように解決するか
17. チームで働く上で大切なこと★
18. チームで非協力的な人がいた時はどうするか
19. チームでの役割
20. チーム力を育むためにあなたはCAとしてどのようなチャレンジをしたいか
21. チームワークを発揮したこと。その時協力してくれない人がいたら？
22. クレーム対応は
23. 海外旅行で利用した航空会社とCAの改善点
24. 機内でお客様がもめたら？
25. 最後に一言★

※ESからの深堀りが多い

・ボランティア活動で苦労したこと、その乗り越え方
・海外経験から感じた日本文化の魅力
・留学で語学力以外に得たこと
・趣味についての雑談

【英語面接】

1. 好きな国は
2. 外国人にお勧めする日本食
3. 海外に行ったことはありますか
4. 朝食は何を食べましたか
5. ここまでどうやって来ましたか
6. 外国人にどんな日本の文化を紹介しますか

JAL1次・2次面接の特徴

● 1次も2次もES内容から掘り下げていく中で、特にチームの話では、さまざまな観点から質問される傾向がある。
● 挫折経験とその乗り越え方は、必ずと言ってよいほど何次面接でも質問される。

３次面接 （対面／面接官３人：受験者１人）

1. ＪＡＬのＣＡ志望動機、ＣＡとして実現したいこと
2. 感謝の体現はどうする？フライト短い中では？
3. クレームを受けたことは？機内でクレーム受けたら？
4. コロナ禍なのに航空業界？
5. 最近気になるニュース★
6. 将来、どんな人間になりたいですか
7. ストレスの発散方法を一つだけ教えてください。
8. ＣＡになる上で大切な責任感は何か→あなたは持っていますか？
9. 女性が活躍するためには？ ライフイベント以外で
10. もし私と乗務して、私が間違っていたら？
11. 現職もイベントリスクの高い業界で、それでもまだ同じような航空業界にどうして入りたいか
12. ＣＡとしてどんな気持ちを大切にしたいか
13. なぜＪＡＬ？
14. ＪＡＬＣＡの欠点
15. 地上での仕事があっても大丈夫か
16. 周りからどんな人と言われるか
17. ＣＡになって自分の向いていないところ
18. ＣＡとしてどんな気持ちを大切にしたいか
19. ＣＡにおいてあなたの弱み
20. 明るい性格のきっかけ
21. なぜこのような時期にあえてまた接客業なぜあえて航空業界？
22. 考えてから行動するか、行動してから考えるか→考えてから行動して失敗したこと
23. 先輩が疲れている顔をしていたらどうするか
24. 現職でチームワークを発揮したこと
25. 何かに挑戦して結果を残したこと
26. 最後に一言★

※ＥＳからの質問あり

・仲間で行動することが好きみたいですが現職では個人の売り上げで勝ち負けなどは気にならないタイプですか

ＪＡＬ３次面接の特徴

● ＣＡ職に関しての質問が多く、この仕事に対しての本気度がチェックされる。

4次面接・最終 （対面／面接官3人：受験者1人）

1. 30年後のキャリアプラン→採用担当になれなかったら？
2. 他部署でもやっていける？
3. 新しい挑戦をするときどんな思い？
4. なぜジェイエアではなく、JALか（大阪出身者）
5. どんなCAになりたいか★
6. ここまで緊張しましたか
7. 現職でコロナ禍で大変な中、どんなことを工夫しましたか
8. 現職から生かせる強み
9. どんなCAになりたいか→それがJALでしかできない理由
10. キャリアプラン
11. JALへの熱い想いをどうぞ★
12. なぜコロナ禍で航空業界か
13. CA職においてのあなたの弱み
14. JALではどう輝けるか
15. チームの中でモチベーションの低いメンバーがいたらどう接するか
16. 最後に一言★
17. コロナやウクライナ情勢などのイベントリスクがあるのになぜエアライン業界か
18. もしCA以外の仕事がしてみたくなったらどうするか
19. もし出向を命じられたらどうするか★
20. 前職のやりがいとストレスは何か
21. なぜ今の会社を選んだか
22. 前回が最終面接ではなかったことについてどう思っているか
23. なぜIT系専門職からCA？
24. CAとしてやりたいこと（これまでの面接で伝えたこと以外で）
25. 行きの飛行機でのサービスについて
26. 人と接する時、大切にしていること
27. 「新しいことに挑戦してください」と言われたときのファーストインプレッション
28. 現職のコロナ禍で1番苦労したこと

10

面接質問集

JAL4次（最終）面接の特徴
- JAL CA職において、本当にやっていけるかの最終確認。
- なったあとの未来に関する質問も多い。

1次面接 （面接官2人：受験者3人）

1. グループディスカッションで気をつけていたことは★
2. 終了後自分の意見は変わったか★
3. グループディスカッションを終えて、今の自分の意見や感想は
4. 他の人の意見をどう思ったか★
5. 題の進め方、表情以外に大切だと思うことはありましたか
6. ＪＡＬのＣＡになってチャレンジしたいことや、やってみたいサービス（全員）
7. ＣＡに必要な素質は何だと思うか
8. 友人からどんな人だと言われているか
9. ＣＡを目指したきっかけは
10. ＣＡになって機内で英語も日本語も話せないお客様がいらっしゃったらどうするか
11. キャリアプランを聞かせてください
12. なぜＣＡか
13. 困難にぶつかったときはどうするか
14. 機内で和食がない状況で、どうしても和食が食べたいとお客様に言われたらどうするか
15. アルバイトで苦労したことは。どう対処したか
16. リーダーシップを発揮したことはあるか。どういう風に発揮したのか
17. 何か決断したことで失敗したことは
18. 安全とは何か
19. 人生最大のピンチは
20. 大切にしている軸は
21. ＪＡＬの改善点は
22. なぜＪＡＬか
23. 特別に今日一つ願いが叶うとしたら
24. 日本航空を一言で
25. 最近心の琴線に触れた出来事
26. ＣＡという仕事を通して得たいスキルは
27. 自分のなりたい人物像を漢字1文字で表すと
28. 1,000万円あったら何に使いたいか
29. これまで（幼い頃でもOK）一番がんばったことは★
30. 最後にこれだけはアピールしたいことを一言で

特徴

- グループディスカッションの後、グループ面接で質疑応答。
- 内容はグループディスカッションでの発言についての質問が多い。第一印象重視。

2次面接（面接官2人：受験者3人）

1. 自己紹介＋自己ＰＲを１分で
2. 特技を入れて自己紹介
3. ＪＡＬの弱い点・改善点
4. ＪＡＬ　ＣＡの長所と短所
5. あなたにとってＣＡとはどんな存在か
6. 面接会場に来るまでに感謝したこと
7. ＪＡＬプレミアムサービスをどう思うか
8. なぜ航空業界か
9. 他人が嫌がることを率先してやったことは
10. 10年後のキャリアプラン
11. 最近起こった出来事★
12. ＣＡになるにあたっての弱点は
13. 人が嫌がることを引き受けた経験★
14. サービスとは何か
15. 就活の軸
16. 周りの人から思われているあなたの弱み
17. ＣＡになるにあたって努力していること
18. 粘り強くがんばったことは何か★
19. 今までで一番感動したサービス★
20. ＣＡに必要だと思う力は
21. あなたにとってお客様はどういう存在か
22. アルバイトの中で後悔したこと、またはこうしておけばよかったと思うことは
23. 挫折経験をどんな心を持って具体的に行動したか
24. チームの中に一人だけモチベーションが低い人がいたらどうする
25. ＣＡになるためにやってきたことで負けないと思うこと
26. どんなＣＡになりたいか、一言で
27. 「渦の中心」になったエピソード
28. ＣＡになったら自分のどこを活かせるか
29. 何か今までに嫌な役を引き受けたことは
30. 今までに後悔したことは
31. 周りから感謝されたこと
32. 変革挑戦のエピソード
33. 今まで誰かに影響を与えた経験
34. 長所を生かした経験、短所を改善した経験
35. 目標を立ててがんばったこと
36. あなたの今の人格を形成する上で、影響を与え、感謝している人は
37. 人生で失敗したこと
38. 心の琴線に触れたエピソード
39. 自分のセールスポイント
40. 今まで粘り強く何かをした経験★
41. これから生きていく上で、大切にしたいこと（一言で）
42. 外国人におすすめする日本のスポット
43. 日本の魅力を教えてください
44. ５年後のキャリアビジョン
45. 強みと弱み

特徴

● 第一印象と質疑応答で人柄が見られている。
● さまざまな質問から深掘りされる。

【英語質問】

1．外国人にどのような日本食を勧めるか
2．どこから来たの
3．志望動機
4．あなたの好きな季節は
5．あなたにとって日本の最高の文化とは
6．自己紹介
7．日本のホスピタリティとは何か
8．休日は何をしているの
9．ストレスを感じたらどうする
10．ＪＡＬとＡＮＡのそれぞれいいところ
11．英語力をどのように改善したか
12．５年後のキャリアビジョン
13．日本の魅力を教えてください
14．あなたの強みと弱み

15. What do you do in your free time?
16. How do you feel about today's weather?
14. What is the best Japanese food to recommend to foreigners, do you think?
15. Why do you want to be a cabin attendant?
16. What city in Japan do you recommend to foreigners?

3次面接 （面接官3人：受験者1人）

1．志望動機★
2．就活のようすと内定状況★
3．なぜＡＮＡや外資系でなくＪＡＬか
　　を交えて志望理由
4．他人からどのような人だと言われるか★
5．なぜＣＡになりたいか。ミスマッチ
　　があったらどうするか★
6．なぜＪＡＬか★
7．就活で色々な会社を見て感じたことは
8．経営破綻を経験していない若い世代
　　はどう行動すべきか
9．コミュニケーションで大切なことは
10．今までたくさん自己分析をしてきた
　　と思うが、それを踏まえて、あなた
　　を魚に例えると、あなたを果物に例
　　えると、食べ物に例えると
11．最近のＪＡＬの気になるニュース
12．ＡＮＡと比べてＪＡＬに足りないものは
13．ＪＡＬの経営破綻を家族はどう思っ
　　ているか
14．ＪＡＬの改善点とそれをＪＡＬのＣ
　　Ａとしてどうするか
15．ＪＡＬ便に乗ってよかったところ、
　　悪かったところ★
16．他人も知らない自分の一面は
17．これは良いと共感したＪＡＬのＣＳ
　　Ｒは？
18．親や友人に言われて大切にしてきた
　　ことは
19．外国のお客様に新しいサービスをす
　　るなら
20．初めて会う人にどのように接するか

21. ＡＮＡは受けているか。ＡＮＡとの違い★
22. 破綻した航空会社になぜ入りたいのか
23. あなたの弱みは？
24. もし先輩ＣＡ２人から違うアドバイスされたらどうする？
25. 最近見た航空業界に関係ないニュースで今後の航空業界に影響を与えると思うニュース
26. 何か新しいサービスの提案★
27. 判断に困ったときの軸は何か

28. 今まで他人に反対されても継続した経験
29. ＪＡＬで実現したいこと
30. ＪＡＬのＣＡとなったら今の自分とどう変わる？
31. ＪＡＬの課題★
32. 行き（最終試験）の機内で気づいたこと★
33. 最後に一言★
34. 最後にＪＡＬへの想いをどうぞ★

特徴

● 約10分。ＥＳからの質問で掘り下げられることが多い。
● ＪＡＬやＣＡ職に関しても深掘りされる。

1次面接（グループディスカッションの後、対面／面接官2人：受験者1人）

1. 立ったまま自己ＰＲ、1分間。★
（時間チェックしている）
2. 数ある航空会社の中でなぜ国内線のジェイエア？ 良さは何か。
3. チームワークにおいて一番大切だと思うことは
4. 定時運行する上で一番大切だと思うことは
5. 最後に伝えたいことがあれば
6. グループディスカッションの感想
7. ディスカッションの中で印象に残っているエピソードは
8. 航空関係で最近気になったニュース★
9. そのニュースから機内に生かせることは
10. 自分の意見やアイデアは他の人に伝えられるか
11. 大阪を紹介するならどこ？
12. なぜＪＡＬではなくジェイエアか★
13. 長所と見直したいところ
14. （奈良県居住の受験者に）奈良県の魅力は？大阪との違いは？
15. ジェイエアは2人乗務ですが先輩が何か間違っていたら伝えられるか
16. 不規則な生活だけど大丈夫か
17. 人生で一番嬉しかったこと（全員共通）

2次面接：3次選考（面接官3人：受験者2人）

1. 立ったまま自己ＰＲ★
2. 学生時代がんばったこと→ＣＡとしてどう生かすか
3. 人生で一番辛かったこと
4. 10年後のキャリアビジョン★
5. 現職や日常生活で大切にしていること
6. ジェイエアのＣＡとして生かせる力（どうやって身に着けたのかを含めて）
7. あなたを採用しないと損をする、と思わせるようなＰＲをして下さい
8. 志望動機
9. 学生から社会人になって変化したこと
10. 留学で学んだことや気づいたこと
11. ジェイエアの既存のサービスをあなたならどう変えるか
12. 誰にも負けないあなたの強み
13. ＣＡを目指したきっかけとその理由
14. 今の仕事も含めどんな自分を生かせるか
15. 生活する中で大切にしていることは
16. ＣＡをする上で大切だと思うこと
17. 最後に一言

1. 自己紹介と志望動機（1分／立ったまま）★
2. 自己紹介と自己ＰＲ（1分／立ったまま）★
3. 自分の好きな都道府県とその理由
4. コミュニケーションを取る上で大切にしていること
5. 接客業を選ぶ理由
6. 内定状況★
7. 大阪拠点のジェイエアで働くメリット
8. ジェイエアの魅力を伊丹の地域の方に一言でお伝えするなら
9. ジェイエアでどんなサービスがしたいか、具体的に
10. お客様に出身地の何をお薦めしたいか★
11. ＡＮＡ、ＪＡＬではなくどうして、ジェイエアか★
12. 大阪に住むことになるが抵抗はないか
13. 落ち込んだ時のリフレッシュ方法
14. 人に影響与えた言葉や行動
15. ジェイエアをもっと人に知ってもらうために何をしたら良いと思うか
16. ジェイエアのホームページの改善点
17. ジェイエアの就航地で行ってみたいところ★
18. やってみたいサービス
19. 国内路線の会社でTOEICが生かせなかったら？
20. 最後に言い残したこと（挙手制）★

10

面接質問集

特徴

- 特に最終面接ではＥＳからの深掘りの質問が多い。
- ジェイエアに本当に入りたいのかを問う質問が多い。
- 最終面接は面接官が4人。

1次面接 （面接官2人：受験者2人）

1．自己PR
2．故郷の紹介
3．JTAに乗ったことはあるか。どう感じたか。
4．沖縄で行きたいところ
5．今面接の中で意識していることは
6．現職での失敗は
7．コロナで採用がない中でCA受験のモチベーションはどのように保ったのか

2次面接 （面接官4人：受験者2人）

1．自己PR
2．JTAの採用が発表されてから今まで行ったところ、してきたこと
3．現職を捨ててまでなぜCAになりたいのか
4．沖縄に本当に住めるか

【ESからの質問】

5．その挑戦をしようと思ったきっかけは
6．挑戦の中で困難だったこと
7．その挑戦は今のあなたにどう活かされているか

1．CAの中でどうしてJTAか★
2．お客様からクレームを頂いたとき、お客様は怒っています。あなたはどうしますか
3．アルバイトで失敗したことは
4．自己PR（1分）（30秒）★
5．友人からどんな人だと言われるか
6．素晴らしい人生とは
7．弱みの分かるエピソード
8．言いたいことをどうぞ
9．就活を通し学んだこと
10．「壁」と聞いて、何をイメージするか
11．身だしなみで気をつけていること
12．給料が5万円のCA or 給料の良い会社とどちらを選ぶか
13．なぜCAか
14．JALとJTAの違いは何か
15．かりゆしウエアを着てどんなサービスをしたいか
16．小型機だけどJTAでどんなサービスがしたいか
17．生活の中で健康に気遣っていることはあるか

特徴

● 1次も2次も沖縄に関する質問がある。
● 2次のESからの深掘りの質問から考えると、コロナ禍だからこそ、チャレンジ精神を重視しているとも言えそうだ。

1次面接 （対面／面接官4人：受験者2人）

1. 自己紹介から→深堀りの質問
2. 現職で得たどんな力をCAとして活かせるか
3. 志望動機
4. 神戸出身という話題から→スカイマークとAIRDOを比べてどうですか
5. 今まで困難だと感じたこと
6. あなたの健康管理法は行きの飛行機でのサービスについて
7. 行きの飛行機でのサービスについて

2次面接 （対面／面接官2人：受験者2人）

1. 志望動機

【ESからの質問】

2. 留学していたとあるが、AIRDOは国内のみです。ギャップは感じませんか
3. 取得している語学資格について
4. 現職について
5. アルバイトについて
6. 関西人のAIRDOの認知度は

10

面接質問集

特徴

- ● ESからの深掘りが多い。
- ● 受験者の人柄、考えをよく知りたいという質問が多い。

2次試験（動画選考）

1．自己PR（1分）　2．50年後の航空業界（1分）

3次試験（グループディスカッション、オンライン、15分）

1次試験（動画選考）

1．自分の強みは何か★
2．CAを志望する理由
3．一つお気に入りの場所を選んでPRして下さい

1次面接（○○対面？）（面接官4人：受験者3人）

1．自己紹介と志望動機
2．自分の強みは何か★
3．最近感じた嬉しかったことは
4．最後に言い残したこと、伝えたいことなど

2次面接（対面）（面接官2人：受験者1人）

1．自己紹介と志望動機
2．留学生活や海外生活から学んだことは何ですか
3．アルバイトから学んだこと→CAとして活かせることはあるか
4．どんな上司と働きたいか
5．後輩と接する際に気をつけていること

【英会話テスト】
（面接官2人：受験者1人）

・5枚のカードから引いたカードに書かれている題で1分間説明
　例）京都、夏
　→英語で面接官に逆質問

3次面接（対面）（面接官2人：受験者1人）

1．自己PRか志望動機か自己紹介を、1分か2分で述べてください
2．CAになるイメージはついていますか
3．どのようなCAになりたいか★
4．いつからCAを目指しているか
5．機内では小さな気づきが大事だが、些細な事に気づくということは得意か
6．内定が出た場合、他社の内定はお断りするか。そちらを選ばなくても良いのか
7．最後に一言★

2 ～ 3 次面接 （1次面接はグループディスカッション）

1．自己紹介と志望動機★
2．自己PR（1分）★
3．困難をどうやって乗り越えるか
4．CAになったらどんなサービスをしたいか
5．緊張をほぐす方法
6．観光大使になったつもりで地元のPR
7．自分を一言で表すと
8．組織の中でどう動くのか
9．周りからどのように言われるか
10．CA業務でワクワクすることは何だと思うか
11．CAにいつからなりたかったのか
12．チームで活動していて困難だったこと
13．なぜCAか
14．働いていて意見がぶつかったらどうするか
15．これまでの人生で一番印象に残っていること
16．最後に一言★

特徴

- ●ソラシドエアに関する質問よりも、受験者がどのような考えを大切にして、日頃、行動しているかという質問が多い。それを知ることで、ソラシドエアが求めている人物かをチェックしている。また地元を愛しているかどうかも大切。
- ●全体を通してESからの深掘りが多い。

10

面接質問集

1．志望動機と自己ＰＲ★

2．なぜスカイマークのＣＡ？★

3．スカイマークで何をしたいか★

4．どのくらいスカイマークを知っているか

5．スカイマークの足りないところ

6．スカイマークのＣＡを見たときどう思ったか

7．他社と比べてスカイマークの好きなところ

8．親友はどんな人か

9．最後まであきらめなかったことはあるか

10．ＣＡに向いている点

11．学生時代にがんばったこと★

12．ストレス発散方法

13．就活状況★

14．クレームの対処法とエピソード

15．周りの人からどんな人だと思われているか

16．自分をどんな人だと思うか

17．アルバイトをする時、品質とスピードのどちらを大切にしているか（挙手制）

18．2次選考のグループディスカッションで自分のどんなところが評価されたと思うか（挙手制）

19．最後に一言★

特徴

● なぜ、スカイマークを希望するのかという質問が多い。

2次面接（1次面接はグループディスカッション）

1．立ったまま自己紹介（1分程度）
2．自己PRと志望動機（1分）★
3．「チームワーク」と聞いて、大切だと思うこと
4．学生生活でがんばったこと
5．スターフライヤーで、あったら良いと思う商品／値段も
6．最近誰かに「有難う」を伝えたときのシチュエーションを話してください
7．長所、短所を5個ずつ述べる
8．今までに一番感動したサービス
9．あったら良いと思う路線
10．あなたがスターフライヤーのCAになっているという仮定で、機内に子供連れ家族がバラバラの席に座っている。席を一緒にしてほしいと言われたらどう対応するか（グループでロールプレイ）
11．スターフライヤーのCAにしかない魅力

3次面接

1．自己紹介と志望動機
2．CAを通してどんな人になりたいか
3．最後に質問あればどうぞ／言い残したことがあればどうぞ
4．SFJのHPを見た時の印象と、実際に社員と会ってみて印象は同じ？違う？

特徴

● ESからの深掘りが多い。
● スターフライヤーへの魅力を聞く質問などから、受験者の気持ちが本物かどうかを見極めているようだ。

```
ANAエアポートサービス　2〜4次面接質問集
```

2次面接

1. 志望動機
2. 学部を選んだ理由とそこで一番がんばったこと
3. 入社したら何を実現したいか
4. 企業を決める時、何を基準に決めるか★
5. あなたを色で表すと★
6. 隣の人を紹介して★

3次面接

1. 志望動機★
2. 自己PRと志望動機（2分）、自己紹介（30秒で）★
3. 自己紹介（1分程度）
4. ESに貼付したスナップ写真について質問
5. あなたにとってプロフェッショナルとは
6. 旅行に行った際に受けた最高のサービス
7. 空港でキョロキョロしているお客様にどう接するか
8. 体力自慢をしてください
9. 学生時代に力を入れて取り組んだこと
10. 最近のニュースについて
11. あなたの強みと弱み
12. 学生の立場として飛行機を利用する際に一番重視することは
13. 今の仕事で何を身に付けたと思うか
14. 身に付けた力でどんなスタッフになりたいか
15. お客様対応をしていたら、突然暴力を振るわれました。どうする？（挙手制）
16. ANA ASの改善点
17. ANA ASのGSに対するイメージは
18. ANA ASに対し、「やってみたい新サービス」を提案してください
19. 成田、羽田の違い
20. 自分が一番輝いていた瞬間
21. 5年後、10年後のキャリアプラン
22. 言い残したこと、聞きたいこと

4次面接

1. 自己紹介★
2. 仕事観とそこからなぜ航空業界か
3. 長所は？ どう生かせるか
4. AI化が進む中でGSができることは（挙手制）
5. 現在の就活状況★
6. 日本のおもてなしとは
7. CAも受験していますか★
8. 体力に自信があるか
9. 最近感動したこと
10. 最近頭に来たこと
11. ESに貼った写真を選んだ理由★
12. なぜANA ASのGSか★
13. 常にどういうことを心掛けているか
14. 最近興味があること
15. 今の夢は
16. チームの中で周りを巻き込んで成し遂げたこと
17. 苦手な人は？ その人に対してどう接する？
18. 学生時代にがんばったこと
19. カウンターで厳しい言葉を頂くこともあるが大丈夫？
20. 最後に言い残したこと（挙手制）★

ＡＮＡ関西空港　２～３次面接質問集

1. 自己紹介
2. ＡＮＡのイメージは
3. 希望の職種じゃなくてもがんばれるか★
4. スポーツや学校生活を通して身に付いた自分の強み
5. 自己ＰＲ
6. なぜＡＮＡ関西★
7. 現職と全然違うがどんなところを活かせるか
8. 将来のビジョン
9. ＧＳに興味を持ったきっかけ
10. なぜＡＮＡグループ志望なのか
11. 職業観、あなたが働く上で大切にしたいこと
12. オペレーションも志望しているけどなぜ？旅客の理由は？
13. アルバイトでがんばったこと
14. 挫折経験についてどう乗り越えたか★
15. 選考状況
16. 最後に一言★

ＡＮＡ大阪空港　２～３次面接質問集

1. 志望動機
2. 志望職種以外でも大丈夫か★
3. ＡＬ業界で気になること / 深堀
4. 企業選びで重視していること
5. なぜコロナ禍でも航空業界なのか
6. なぜ伊丹空港なのか★
7. お互い知らない同志で初対面の時、1番気をつけていることは
8. なぜ関西で働きたいのか
9. 1番プレッシャーを感じた時は？その時に大切にしたことは
10. 旅客サービスの志望理由
11. ＡＮＡの改善点は何か
12. 最後に一言★

ＡＮＡ福岡　面接質問集

1. 志望理由と自己紹介（1分）★
2. 体力に自信はあるか、その根拠は
3. 気難しい人にどう対応するか。その際、何が一番大切だと思うか
4. ＧＳを知ったきっかけ
5. なぜＧＳを仕事にしようと思ったのか
6. 福岡の魅力とは
7. 大学で学んだことをＡＮＡ福岡でどのように活かすか
8. なぜ福岡のＧＳになりたいのか
9. 感動したサービスを教えてください
10. なぜＡＮＡ福岡か★
11. 入社前にしたいこと
12. 内定状況
13. ＪＡＬ系は受けてるか
14. 5年後10年後について、どうありたいか
15. 最後に一言★

2次面接

1．自己ＰＲと志望動機を１分程度で★
2．最近の国際情勢ニュースは？
3．気になるニュース、それで何を感じたか
4．成田から国内線でどこに行きたいか？
5．なぜ、ＡＮＡ成田？★
6．チームワークで大切だと思うことは何か
7．絆を感じたエピソード
8．グランドスタッフはチームワークがとても大切だが、チームワークが乱れたときどう対処するか
9．サービスを受ける側　または提供する側として印象に残っているエピソード
10．これまでの経験で困ったこと／それをどう乗り越えたか
11．自分らしい写真について
12．最後に一言★

3〜4次面接

1．自己紹介と志望動機★
2．自己紹介（30秒で）
3．自分が接客に向いていると思った瞬間
4．なぜ成田？ 関空と羽田は？★
5．内定と就活状況
6．現職の業務内容
7．社会人として１年間で何が大切と学びましたか
8．お客様に難しい、大変だなと感じることはありますか
9．小学生の時生徒会などやっていましたか？
11．中学の時は？ 高校は？
11．部活で学んだこと
12．普段の自分の役割
13．中国語はどのように勉強したか
14．ＡＮＡ成田の好きなところ
15．これまで上手く行かなかったときどのように乗り越えたか
16．就職したらどのようなサービスを企画し提供したいか
17．体力自慢のエピソード
18．ストレス発散法
19．リフレッシュ法について
20．今まで受けた、または提供した最高のサービス
21．成田空港の魅力は？
22．弱みを生かして何かを達成したこと
23．20年後どんな空港になっていると思うか
24．ＡＮＡとＪＡＬの違い
25．他の職種でも大丈夫か
26．最後に一言★

特徴

● 同じＡＮＡ系列であっても、羽田ではなく、なぜANA成田なのかを問う質問が出る。

ＡＮＡ新千歳　３～４次面接質問集

1. 自己紹介＋志望動機★
2. 最近気になるニュース
3. ＬＣＣとＡＮＡ国内業務だとどちらが良いですか
4. 夢はなんですか
5. 学生時代がんばったこと
6. 仲間が悩んでいるときにどう対処するか
7. なぜ航空業界のみなのですか
8. ＧＳとして働く上で大切にしたいこと
9. 北海道に住むことについて★
10. なぜ北海道なのか
11. ５年後10年後はどんな姿になっていたいか
12. なぜＡＮＡなのか、なぜＡＮＡグループの中で新千歳なのか★
13. あなたにとって仕事とはなにか
14. なぜ○○学部に入学したのか
15. なぜ○○語を勉強しようと思ったのか
16. なにか一言ありますか
17. エアライン業界以外にどの業界を見ていますか？
18. 最後に一言★

特徴

● なぜ、その空港を受験するのかという質問が多い。グループ会社を受験する際には、各空港による特徴や個性を理解し、違いを明確にしておこう。

ＪＡＬスカイ　２〜３次面接質問集

1. 志望理由。どのように会社に貢献するか、将来取り組みたいこと★
2. 国際社会になる中で日本が足りないところ
3. ストレス発散法★
4. 最近笑ったこと
5. 人と接する上で気をつけていること
6. 私の夢は……文章を作るテスト
7. チームで何かを成し遂げた経験★
8. チームをどう引っ張っていくか
9. チームワークで大切だと思うことは何か★
10. ５年後、１０年後どんな働き方をしていたいか
11. お客様に通路側のお席が良いと言われたが、空いていなかったらどうするか
12. 自分のどこがＧＳに向いているか
13. 希望職種確認。どのようなＧＳになりたいのか
14. オペレーションという仕事はどう思うか
15. どんなビジョンを持ってＪＡＬスカイで働きたいか
16. どんな人がいる職場で働きたいか
17. 旅客サービスのイメージと、自身の強みをどう生かすか
18. 人生で困ったこと
19. 接客のときに大切にしていること
20. 今までの面接で一番困った質問
21. ＡＩ化が進む中、今後空港はどうなっていくと思うか
22. ＪＡＬスカイの改善点
23. ＪＡＬスカイに入社するにあたって自分に今足りていないと思う部分は

24. 健康管理の方法
25. ＪＡＬの気になるニュース
26. アルバイト経験
27. ピンチをチャンスに変えなければいけません。１人１人シチュエーションを与えるのでどうチャンスだと捉えますか
28. 弊社でどんな働く姿をイメージしているか
29. 困難だったこと、どう乗り越えたか★
30. サービスを受ける側　または提供する側として印象に残っているエピソード
31. 最近気になるニュース／それで何を感じたか★
32. 絆を感じたエピソード
33. 自分らしい写真について
34. コロナ禍での他社への出向は大丈夫か
35. 培ってきた経験をどう生かすか
36. 自分はリーダータイプ？サポートタイプ？
37. キャリアビジョン
38. 最後に一言＋質問（挙手制）

【英語質問】

1. 朝何をしたか
2. 地元をお勧めしてください
3. 好きな季節と理由
4. 何を利用してここまで来たか

192

【最終面接】

1. 自己紹介
2. 志望理由JALスカイで実現したいこと
3. JALの機内でも空港のことでも改善するべき点やあったらいいなと思うサービス
4. 一番の強みを話してください
5. 最近感動したこと
6. アルバイトや留学の失敗談、それをどう乗り越えたか
7. チームで動くときに意識していたこと、その力を弊社でどう活かす？
8. 人にしかできない価値とは
9. ANAにあって、JALにないもの
10. なぜ、CAでなくGS？
11. なぜ、航空業界なのか
12. 内定状況★
13. 逆に質問はあるか

JALスカイ大阪　面接質問集

1. 名前と志望動機と今後のビジョン（1分）
2. 志望動機★
3. 自己PR
4. 出身はどこですか
5. 気になるニュース（1分）
6. 自分を家具に例えると
7. 休日は何をしますか
8. 未来の空港のサービスにはどんなものがあると思うか
9. JALスカイ大阪のイメージは★
10. JALスカイ大阪でどんなGSになりたい
11. 地元と大阪の違いから、なぜ大阪か★
12. 今までにあった最高のサービスは
13. いつからGSを志望しているか
14. GSになる上で足りないと思うこと
15. 10年後のビジョンは？★
16. 言い残したこと（挙手）★
17. 最後に何かあるか

特徴

● JALスカイ、JALスカイ大阪共に、「なぜ、この会社なのか」にこだわった質問をしている。
● JALスカイは、JALやANAとの比較質問もある。

JALスカイ札幌　面接質問集

1. 名前のみの自己紹介★
2. 自己PR
3. なぜ新千歳で働きたいのですか★
4. 他の空港のグランドスタッフを受けていますか★
5. 就活の軸を教えてください
6. 地域貢献をするため航空会社は何をすべきか
7. 空港は自動チエックイン機の導入がすすんでますが、それについてどう思うか
8. 選考状況
9. なぜJALスカイ札幌
10. 出身地をアピールしてください
11. グループディスカッションの感想
12. 最後に一言★

JALスカイ九州　2次・3次面接質問集　　2019年

1. 学校名を抜いた自己紹介（1分）★
2. 自己PR★
3. 学生時代がんばったこと★
4. あなたが受けて感動したサービスについて
5. 苦手な人はどういうタイプかどう対応するか
6. どのような接客をしたいか
7. 誰かのために何かをした経験はありますか
8. 周りの人（友人や家族）からどんな人だと言われるか
9. 住むならどのあたりを考えているか
10. 普段から心がけていること
11. 最後に一言★

特徴

● 同じグループの会社であっても、地方空港では本当にこの会社を選ぶのかどうかを見極める質問がある。

ココが POINT

空港で実際に起きた出来事やニュースからの質問も多い。
日頃から、身の回りで起こった出来事に、自分ならどうするかという視点を持って考えるクセをつけておきましょう。

あなたはなぜ、ＣＡ・ＧＳを目指しますか

　この問いかけに真正面から向き合ったことはありますか？

　COVID-19 の世界的な大流行によって、2020 年から２年間、航空会社の採用がほぼ皆無となってしまいました。今まで、当たり前だと思っていたエアライン採用がなくなったことで、新卒者は他業種、他職種を選ぶことを余儀なくされ、エアラインに転職をと考えていた既卒の人たちも、一旦白紙に戻すことになってしまいました。

　改めてエアライン業界ではなくなぜ他業種の企業なのか、ＣＡやＧＳではなく営業や事務関係なのか、語学力を生かす仕事はあるのか、一から自分を見つめ直し将来の方向性をじっくり考える必要が出てきました。

　2022 年、幸いなことに大手ではＪＡＬがＣＡ採用に踏み切り、ＪＡＬ系もＡＮＡ系もＧＳ採用を行いました。ところが、ＪＡＬのＣＡ採用は100 名で、しかも採用がなくなった時点の 2021 〜 23 年の卒業者まで新卒者として受けられると発表し、今までの中でも一番厳しい採用枠になったかもしれません。

　このような状況下だからこそ、あなたのＣＡ・ＧＳ職への思いは、今までよりもさらに試されています。なりたいという憧れではなく、本当に内定を勝ち取る自分になるのか、なっているのか、なっていけるのか。まさに真の熱意と、努力するという覚悟と、この仕事で生きていくという決意を持って行動できるのかが試されています。

　あなたには、あなたらしい強みがあります。

　「自分らしさを生かしたい！」を原点に、誰にも負けない熱意を持って、コツコツと努力を惜しまずに勉強を続けていってください。

　必ずＣＡ・ＧＳ職の道は開けます。

おわりに

ＣＡ、ＧＳ職を受ける皆さん、ここまで来たら試験準備ももう万全ですね！

自分のことがまだ理解できていないと思う人は、もう一度、第3章自己分析に戻り、書き込んだ内容を見つめなおして、自分の強みを確認しましょう。

面接に自信がない……という受験生は、同じ就活をする人と、何度も何度も一緒に質疑応答の練習をしてみましょう。

そして、
「この仕事でやりたいことがある」
「成長していきたい自分がいる」
「その先には会社の顔になっていたい自分がいる」
この思いを持って受験していきましょう！

健闘を祈ります。

2022 年 12 月

木野本 美千代

●著書紹介

木野本　美千代（きのもと　みちよ）

元日本航空客室乗務員／２級キャリアコンサルティング技能士／キャリア・デベロップメント・アドバイザー（日本キャリア開発協会）／キャリアコンサルタント／ホスピタリティコーディネータ
大手エアラインスクールで 22 年間、国内航空会社受験対策の面接・一般教養講師、外資系航空会社の日本語面接も担当。現在大学にてカウンセリング、キャリア教育、エアラインセミナー講師として活動。企業向けホスピタリティ研修講師。元大学の非常勤講師（ホスピタリティ論担当）。

日比　ひろみ（ひび　ひろみ）

元日本航空・ＪＡＬウェイズ客室乗務員／２級キャリアコンサルティング技能士／キャリア・デベロップメント・アドバイザー（日本キャリア開発協会）／キャリアコンサルタント／大学でのキャリアカウンセリングを中心に、エアラインセミナー講師・一般企業向け就活対策講師として活動

ＣＡＧＳエアライン受験対策書き込み式テキスト 2024 年就職版

2023年1月26日　第1刷発行

著　　　者　　木野本 美千代　日比 ひろみ
発 行 者　　増田 幸美
発　　　行　　株式会社ペンコム
　　　　　　　〒 673-0877　兵庫県明石市人丸町 2 - 20　https://pencom.co.jp/
発　　　売　　株式会社インプレス
　　　　　　　〒 101-0051　東京都千代田区神田神保町一丁目 105 番地

◦ 本の内容に関するお問い合わせ先
　株式会社ペンコム
　　　TEL：078-914-0391　FAX：078-959-8033
◦ 乱丁本・落丁本などのお問い合せ先
　　　FAX：03-6837-5023　service@impress.co.jp
◦ 古書店で購入されたものについてはお取り替えできません。

印刷・製本　　　　　　株式会社シナノパブリッシングプレス

カバー・表紙デザイン　福家さやか

［特別寄稿］第 6 章 Section08,09 執筆　動画監督　オリカワシュウイチ